AGHASSI

Zeïtoun

depuis les Origines jusqu'à l'Insurrection de 1895

AVEC UNE CARTE, DES REPRODUCTIONS DE DESSINS
ET DES PHOTOGRAPHIES

Traduction d'ARCHAG TCHOBANIAN

Préface par VICTOR BÉRARD

PARIS

ÉDITION DV MERCVRE DE FRANCE

XV, RVE DE L'ÉCHAVDÉ-SAINT-GERMAIN, XV

M DCCC XCVII

8° J
6539

A LA MÊME LIBRAIRIE

L'Arménie, son Histoire, sa Littérature, son role en Orient, par Archag Tchobanian, avec une Introduction d'Anatole France, de l'Académie Française.

Les Massacres d'Arménie, *Témoignages des Victimes*, Recueil de lettres traduites de l'arménien par Archag Tchobanian, avec une préface de G. Clémenceau.

L'Assassinat du Père Salvatore par les soldats turcs, témoignage d'Aghassi, traduit de l'arménien par Archag Tchobanian, avec une préface de Pierre Quillard.

ZEÏTOUN

Droits de reproduction et de traduction réservés pour tous pays, y compris la Suède et la Norvège.

AGHASSI

Zeïtoun

DEPUIS LES ORIGINES JUSQU'A L'INSURRECTION DE 1895

Avec une Carte, des reproductions de Dessins et de Photographies

Traduction d'ARCHAG TCHOBANIAN

PRÉFACE PAR VICTOR BÉRARD

PARIS
ÉDITION DV MERCVRE DE FRANCE
XV, RVE DE L'ÉCHAVDÉ-SAINT-GERMAIN, XV

M DCCC XCVII

PRÉFACE

Le *Livre Bleu*, puis le *Livre Jaune* nous avaient renseignés déjà sur la révolte du Zeïtoun en octobre-décembre 1895 et sur cette admirable défense de cinq mille Arméniens contre soixante mille Turcs. Mais, de ces événements, nous ne connaissions encore que l'histoire extérieure et diplomatique : en voici l'histoire intérieure et militaire. Jour par jour, l'un des chefs du mouvement nous en conte les péripéties, et nous voyons tout ce qui se perdit de sang et d'héroïsme dans la neige du Zeïtoun, pendant cet hiver épique.

Ce journal, où tous les faits sont rapportés, coups de fusil et coups de couteau, batailles et massacres, viols et processions, drapeau rouge et exhibition de reliques, ce récit d'une évidente sincérité et d'une belle franchise s'adresse à tout le public mais surtout à deux classes de lecteurs.

Aux hommes d'État d'abord qui, deux années, laissèrent massacrer tout un peuple sans vouloir intervenir, sans comprendre qu'ici l'intérêt de l'humanité se confondait avec les intérêts de toute l'Europe, sans vouloir se rappeler que l'Europe, et la France surtout, avait des engagements d'honneur et de reconnaissance envers ces gens-là ! Aux hommes d'État qui, depuis cinq ans bientôt, vont répétant le mot du diplomate russe : « Je connais bien des Arméniens, mais je ne connais pas d'Arménie ». La voici, cette Arménie que l'on ne veut pas voir, ce Monténégro arménien qui de tout temps fut libre, dont l'indépendance fut reconnue et protégée par les ambassadeurs français de 1860 à 1870, et qui eût été le noyau de la future nation arménienne, si les diplomates d'aujourd'hui songeaient à préparer à leur pays et à l'Europe un avenir de paix réelle. Elle est toute petite encore cette Arménie. Mais, au début du siècle, la Slavie du Monténégro et la Grèce du Souli étaient plus petites encore, et pourtant l'une et l'autre ont grandi et grandiront, et les succès momentanés du Turc ne doivent pas nous masquer la reculade constante de l'islam devant ces chrétientés délivrées.

Aux députés, journalistes, parleurs, écrivains, à tous ceux, — innombrables, hélas ! — que le récit de ces misères orientales et de cette boucherie humaine ne tira pas de leur indifférence, à nous tous qui, pendant trois années, avons prêté notre silence à la besogne d'égorgement, sous prétexte que les victimes elles-mêmes, bêtes à massacre, acceptaient sans révolte le plaisir du légitime souverain !...

Nous méprisons ces chrétiens d'Orient. Nous ne voyons que leur cupidité et leurs bassesses. Nous ne connaissons que leurs tripoteurs d'affaires et d'argent, leurs vendeurs de femmes et de pastilles, — comme si nous-mêmes nous manquions de ces gens-là ou comme si les nôtres valaient mieux que les leurs. A voir, comme disait l'autre, les qualités que l'on exige d'un peuple esclave, combien d'Européens mériteraient d'être libres ? Voici une poignée de montagnards qui, depuis un siècle, se sont révoltés plus de trente fois, se sont battus et ont victorieusement défendu leur religion et leur indépendance. On vient leur proposer une nouvelle révolte : « Sois loué, ô mon Dieu, s'écrie l'évêque centenaire entonnant à sa mode le cantique du vieillard Siméon, tu peux rappeler ton serviteur! je commençais à oublier l'odeur du fusil et parfois, pour m'en souvenir, je versais de la poudre dans l'encensoir ! » Et tous se lèvent, et pendant trois mois, sous la neige, sous la faim, ils tiennent tête à une armée décuple, et, quand un jour la défaite est imminente, quand aux attaques du dehors menace de se joindre la révolte intérieure des prisonniers turcs, les femmes elles-mêmes entrent en jeu : retroussant leurs manches, de leur couteau de cuisine, elles éventrent les quatre cents malheureux. Nous aimons le sang rouge et les belles tueries ; le sultan égorgeur est selon notre rêve : soyons impartiaux tout au moins !...

Pour compléter ce livre, prenez, quand vous l'aurez lu, *l'Arménie* de M. A. Tchobanian (1) et

---

(1) Archag Tchobanian : *l'Arménie, son histoire, sa littérature, son rôle en Orient*, avec une introduction d'Anatole France, Paris, 1897, édition du *Mercure de France*.

voyez les qualités pacifiques de cette race, son admirable littérature, son aptitude à la parole et à la pensée, son long travail d'éducation et sa soif de connaissances, son douloureux éveil de la servitude bi-centenaire, et son ascension constante, et son patriotisme, et sa fraternité ! « Que vous ayez, écrivait Stéphane Mallarmé à l'auteur, d'un lac de sang qui se reflète en rougeur sur tout visage contemporain pensant, éveillé cette pure leçon initiant à une poésie entière, m'apparaît la plus efficace et délicate piété d'un lettré envers sa patrie dévastée, meurtrie et prête à renaître de pareilles évocations. »

Victor BÉRARD

GÉOGRAPHIE DE ZEÏTOUN

C'est au sud de l'Asie Mineure et au nord du golfe d'Alexandrette, sur la chaîne du Taurus, dans la vallée entre les monts que traverse le fleuve Djahan (l'ancien Pyramus), qu'est située la ville arménienne de Zeïtoun. Pour y pénétrer, on doit passer par des gorges profondes et des sentiers rocheux. Seulement au sud, du côté de Marache, jusqu'à trois heures de distance, les chemins sont relativement plus faciles; ils passent par des collines terreuses, aux flancs desquelles s'étendent les vignes de Zeïtoun : puis recommencent encore les âpres défilés.

La ville se trouve au pied du mont Bérid; elle a la forme d'un amphithéâtre. Les maisons se superposent, et elles sont si petites et d'aspect si pauvre qu'à l'étranger venant voir la célèbre ville, elles semblent comme les ruines d'un faubourg de Zeïtoun (1).

Zeïtoun n'a que 2.000 maisons, avec 15 à 20.000 habitants.

Au nord de Zeïtoun se trouve le mont *Bérid*, qui a 10.000 pieds de hauteur; son sommet est toujours couvert de neige; son nom, qui vient du mot arabe *barid*, signifie : froid. Ses

(1) Les officiers turcs ont toujours eu un mouvement de mépris en voyant Zeïtoun pour la première fois : « N'est-ce que cela, Zeïtoun ? se sont-ils écriés; nous l'inonderons rien qu'en y crachant, et avec une poignée de terre nous l'ensevelirons. »

flancs présentent des pâturages magnifiques, riches en sources, et des sites très agréables; les Zeïtouniotes passent l'été sur ces fraîches hauteurs, et les pasteurs des environs y vont paître leurs troupeaux. D'Alep, d'Aïntab et même de plus loin, on y envoie des malades pour rétablir leur santé dans ce climat salubre. Le Bérid porte des cèdres, des térébinthes et des genévriers en grande quantité; des voyageurs botanistes y ont compté jusqu'à 200 variétés de plantes, dont quelques-unes, étant des productions exclusives de ce mont, ont été appelées *béridiennes*. Le Bérid est également abondant en gibier, surtout en perdrix; au sommet du mont, on en chasse une espèce grosse comme une dinde et qui coûte fort cher; c'est une chasse difficile.

Le Bérid contient des mines d'argent, de plomb, et surtout de fer en grande quantité et de la meilleure qualité.

A l'ouest de Zeïtoun se trouve le mont *Gangrod*, qui se prolonge à deux heures de distance jusqu'au nord et forme un précipice ; c'est à ses flancs que se trouve le défilé d'*Ok-Kaïa*. Entre ce mont et le Bérid se creuse un défilé profond qui se prolonge également jusqu'aux monts *Tchavdar*, qui contiennent les meilleurs et les plus riants pâturages de Zeïtoun. Les sources qui en tombent, s'unissant à celles qui descendent du Bérid, forment la rivière occidentale de Zeïtoun qui va à l'extrémité de la ville se mêler à la rivière orientale en formant un angle obtus.

Derrière les monts Tchavdar se trouvent les hautes montagnes de *Koche-Dagh* et de *Kandil-Dagh*.

Le mont Gangrod se prolongeant vers le sud, à une heure de distance de Zeïtoun, atteint une hauteur de 7.000 pieds et prend le nom de *Solak-Dédé;* aux flancs de cette montagne se dressent deux grands rochers aigus, qui se nomment *Tchatol-Kor*.

A l'est de Zeïtoun se trouve le mont *Berzenga;* il est séparé en deux par le défilé d'*Uzar* ; la partie du sud s'appelle *Ak-Dagh*, la partie du nord conserve son nom de Berzenga et forme avec le Bérid une gorge profonde qui mène jusqu'à Eridjék; c'est dans cette gorge que passe la rivière orientale.

L'Ak-Dagh se prolonge vers le sud jusqu'à une demi-heure de distance, puis penche vers l'ouest, et, s'abaissant de plus en plus ouvre deux passages montagneux au sud de Zeïtoun, l'un s'appelant *Echek-Meïdani* et l'autre *Saghir*.

Au nord-est de Zeïtoun s'élèvent les monts *Alicher*, dont la cime la plus haute s'appelle *Atlek* et dont une des collines s'appelle *Avaz-Guédouk*. Entre Echek-Meïdani et Avaz-Guédouk s'ouvre le défilé de *Santough*, qui se prolonge jusqu'au couvent de Sourp-Perguitche. A deux heures de distance au sud, se trouve le mont Chembek, couvert de forêts et de vignes; il est le plus haut sommet d'Alabache.

Pour entrer à la ville il y a cinq ponts, et il n'existe pas d'autre chemin.

La ville de Zeïtoun est divisée en quatre quartiers. Chaque quartier a son église et son école. Ces quatre quartiers portent les noms de *Yéni-Dunia*, *Sourénian*, *Boz-Baïr* et *Gargalar*.

Les Arméniens catholiques et protestants, qui sont au nombre de 500, ont une église et un temple, ainsi que leurs écoles.

Le climat de Zeïtoun est tempéré pendant l'été et très rigoureux pendant l'hiver; le pays, quoique rocheux, est fertile et produit du vin, de l'eau-de-vie, des raisins secs, du miel, de la laine, des peaux de chèvres et toutes sortes de fruits.

A l'est de Zeïtoun, à vingt minutes de distance, au pied

du mont Berzenga, se trouve le célèbre couvent qui porte le nom de *Sourp-Asdvadsadsine* (la Sainte-Vierge); selon la tradition, ce sont les apôtres Thadée et Barthoiomée qui l'ont construit.

En face de la ville de Zeïtoun, au sud, au sommet d'une colline qui domine la ville, s'élève la caserne. Entre le couvent et la caserne se trouve une colline qui s'appelle *Boutchagtchonds-Mod*. Au pied de la colline sur laquelle s'élève la caserne, s'étend un petit champ du nom de *Djabogh-Tchaïr*.

A une heure et demie de la ville, à l'est, se trouve le couvent de *Sourp-Perguitch* (Saint-Sauveur). Près de ce couvent sont les villages *Avakenk* ét *Kalousdenk*, qui appartiennent à la commune d'Alabache. Au pied du couvent s'étend la plaine de *Tchermouk* où se trouvent deux sources sulfureuses. Dans la plaine, se trouvent encore les ruines d'*Ané*, qui a été une petite cité fortifiée au temps de la royauté arménienne de la Cilicie. Au-devant d'Ané s'ouvre la grande vallée d'*Ané-Tsor* qui tourne autour du mont Chembek, jusqu'à une heure de distance.

LES VILLAGES DE ZEÏTOUN

Arékine. — Cette commune, qui était une paroisse épiscopale pendant la royauté, se trouve au sud de Zeïtoun; elle commence au mont Atlek et s'étend jusqu'au pont de pierre de Djahan; elle se compose de trente-deux villages, dont les principaux sont *Cara-Kutuk, Yéguénenk* et *Vartanenk*. Arékine a toujours été l'avant-garde de Zeïtoun, pendant tous les combats; c'est pour cela que les Turcs lui ont donné le nom de Alaï-bache (chef de brigade) qui est devenu

Alabache, nom sous lequel elle est connue aujourd'hui. Arékine a 300 maisons d'habitants arméniens.

Antréassenk. — Ce village se trouve au nord du mont Chembek; il a 30 maisons d'habitants arméniens. La population a toujours été très vaillante et elle a souvent dispersé des bandes ennemies; c'est pour cela que les Turcs ont donné à ce village le nom d'*Alabozan* (Alaï-bozan, disperseur de brigades). En face de ce village se trouvent les ruines de la forteresse *Gurédine*, se dressant aux flancs du mont Chembek. A l'ouest de Gurédine s'élève un rocher gigantesque, en forme d'une forteresse inaccessible, et qui s'appelle *Ali-Ghaïa*; sous la royauté ce rocher s'appelait *Meds-Kar* et il y avait là un grand couvent épiscopal. Derrière ce rocher se trouve le défilé de *Képir* qui est le seul chemin menant de Marache à Goguisson, à Césarée et à Gurune. Ce défilé a, au-dessous de Fournous, une sortie qui s'appelle *Seg-Guétchid* (Passage de Seg).

Béchen, Ketmén, Kirédjik, Sari-Guzel, Alicher, Soïssali, Malatdja, Ambardjik, Cabak-Tépé, Eridjék. — Ce sont des villages turcs qui ont près de 4.000 habitants, dont 1.000 seulement sont arméniens. Les habitants turcs connaissent tous l'arménien.

A deux heures de la plaine de Tchermouk, au sud-est, à l'endroit nommé *Akh-Vakh*, s'ouvre la vallée de *Ghelavouze-Déré* (vallée conductrice); c'est le seul passage oriental de Zeïtoun et le second chemin menant à Marache; elle se trouve au pied du mont Chembek, devant le village Vartanenk; elle a une longueur de deux heures de chemin et se termine sur la branche principale du fleuve Djahan qui arrive de la plaine d'Albisdan. Là se trouve un pont de bois qui, pour avoir été réparé par l'évêque Ohannès Euksizian, porte le nom de *Marhassa-Keuprissi* ou *pont de Vartabed*. A une heure et demie de ce pont, vers le nord, s'en trouve un autre, nommé *Mazé Gamourtch*, sur le fameux défilé *Ghessek*, entre Zeïtoun et Albisdan.

Sur la rive méridionale du Djahan se dresse le mont *Akher-Dagh* qui a des forêts et de beaux pâturages, et au nord duquel se trouve le mont *Engouzek*, dont le sommet est continuellement couvert de neige. Aux flancs de ces montagnes se trouvent les villages turcs *Caramanli, Maskhitli, Sari-Tchoukour, Beïtimour* et *Tchakalli;* la commune formée par tous ces villages s'appelle *Bertis (Pertous)*. Près du village Caramanli on voit encore les ruines de la forteresse *Engouzoud*.

C'est au pied d'Akher-Dagh, du côté du sud, que se trouve la ville de Marache, qui a 4.500 maisons d'habitants arméniens et autant de turcs. Par le chemin de Pertous, Marache se trouve à douze heures de distance de Zeïtoun.

Hadji-Déré. — A deux heures de distance de Zeïtoun vers le nord-ouest; 50 maisons d'habitants arméniens.

Fenk (Vank). — Se trouve du même côté; 40 maisons d'habitants arméniens; quelques ruines.

Ghenek-Ghoze. — Se trouve du même côté; 50 maisons d'habitants arméniens.

Khébi. — Se trouve du même côté; 25 maisons d'habitants arméniens.

Tanour et *Deunghel*. — A quatre heures de Zeïtoun vers l'ouest; 100 maisons d'habitants turcs, qui parlent le turc et l'arménien.

Avak-Gal (Mekhal). — A une heure et demie de Zeïtoun au sud-ouest; 150 maisons d'habitants arméniens.

Ghar-Aghadje. — Se trouve du même côté, à trois heures de Zeïtoun; 70 maisons d'habitants arméniens.

Azarig. — Se trouve du même côté, à cinq heures de Zeïtoun; 12 maisons d'habitants arméniens.

Mavenk (*Mavilar*). — Se trouve au sud de Zeïtoun, à six heures; 36 maisons d'habitants arméniens.

Télémélik. — A sept heures de distance au sud de Zeïtoun; 80 maisons d'habitants arméniens.

Boughourlou. — A sept heures de Zeïtoun au sud-ouest; 40 maisons d'habitants arméniens.

Fournous. — Au sud-ouest de Zeïtoun, à huit heures de distance, dominant le passage de *Seg*. — Le couvent Sourp-Garabed (Saint-Jean-Baptiste) se trouve au nord-ouest du village à vingt minutes de distance, sur un plateau. Fournous est le plus important des villages de Zeïtoun, il a 250 maisons d'habitants arméniens.

Aghali. — A une demi-heure de Fournous au sud; 120 maisons d'habitants arméniens.

Gantchi. — A deux heures de Fournous, au nord-ouest; il se compose d'un village arménien du nom d'*Aladjadjonk*, ayant 35 maisons, et d'un village turc nommé *Tchoukour-Hissar*, ayant 75 maisons. De Gantchi à Fournous descend un détroit rocheux et très difficile qui s'appelle *Ghessek*.

Tékir. — A trois heures de Fournous au nord-ouest; 30 maisons d'habitants arméniens.

Aux environs de Zeïtoun se trouvent encore d'autres villages arméniens; le gouvernement turc les a rattachés au district d'Androun; mais la plupart d'entre eux appartiennent au district de Zeïtoun par leur position géographique. Ces villages se divisent en deux communes : *Goguisson* et *Yénidjé-Kalé*.

Les villages de Goguisson se trouvent à douze heures de Zeïtoun, au nord-ouest.

Goguisson. — 300 maisons dont 80 arméniennes.

Kirédjé. — 100 maisons arméniennes.

Gueul-Pounar. — 20 maisons arméniennes.

Héik. — 20 maisons arméniennes.

Déyirmen-Déré. — 120 maisons arméniennes et 100 maisons turques. Entre Déyirmen-Déré et Gantchi se trouve la forteresse de *Djandji*, qui s'appelle aujourd'hui *Tchine-tchine Kalé* et qui a joué un rôle important pendant les Croisades.

Dache-Olouk. — 170 maisons dont 135 arméniennes.

Gaban. — Composé d'un village arménien de 250 maisons et d'un village turc de 150 maisons; il se trouve à quinze heures de Zeïtoun au sud-ouest.

Sisné. — A une heure de Gaban, au sud; 30 maisons arméniennes.

Boundouc. — 200 maisons arméniennes.

Chivilgui. — A l'ouest de Gaban, à deux heures de distance; 150 maisons arméniennes. A une demi-heure de Chivilgui se trouvent les ruines de la forteresse *Azed* ou *Azdi*, qui est l'ancienne forteresse *Choghagan* ou *Izdi*.

Davoudenk. — 70 maisons arméniennes.

Dertadenk. — 80 maisons arméniennes.

Les villages de la commune de *Yénidjé-Kalé*, qui se trouvent au sud-ouest de Zeïtoun, sont les suivants :

Yénidjé-Kalé ou *Bueyuk-Keuy*. — A seize heures de Zeïtoun, au sud-ouest; 300 maisons arméniennes.

Moudjik-Déré. — 30 maisons arméniennes.

Douncala. — 60 maisons arméniennes.

Au sud de ces villages se trouvent les villages turcs *Kéchirgué*, *Kaïchli*, *Ghoumarli*. Entre Yénidjé-Kalé et Fournous se trouvent les deux importants villages turcs, *Nédirli* et *Kurtul*.

Entre Yénidjé-Kalé et Gaban se trouve le bourg d'*Androun*

qui est le centre du district de ce nom; Androun se trouve à dix-huit heures de Zeïtoun, au sud-ouest; il a 400 maisons dont 50 sont arméniennes.

PREMIÈRE PARTIE

HISTOIRE DE ZEÏTOUN

I

L'ORIGINE DE ZEÏTOUN ET SA FONDATION

Le nom de la ville de Zeïtoun n'est jamais cité dans les chroniques du temps des rois roupéniens (1). On ne le trouve pour la première fois que dans un manuscrit du xvie siècle, c'est-à-dire postérieure à la chute de la royauté roupénienne. Et, en effet, cette ville n'existait pas pendant la période de l'indépendance arménienne de la Cilicie. Ceux qui devaient fonder la ville de Zeïtoun se trouvaient en ce temps établis dans la plaine, à

---

(1) Lorsque la royauté bagratide d'Arménie fut détruite (XIe siècle), un grand nombre d'Arméniens émigrèrent en Cilicie, s'y installèrent, y créèrent une nouvelle patrie ; le prince Roupen réussissant à dominer la partie montagneuse de ce pays, y établit une principauté arménienne qui porta son nom, et qui, plus tard, devint une royauté sous Léon II le Roupénien ; à la fin, le trône des Roupéniens fut occupé par quelques princes de la famille des Lusignan.

Ané et à Ané-Tsor. Les chroniqueurs arméniens ont mentionné Ané qui, vers la fin du xiie siècle, était gouverné par le seigneur Héri ; de même, ils ont souvent mentionné le district d'Arékine, qui est limité par la vallée d'Ané-Tsor.

L'endroit où Zeïtoun se trouve aujourd'hui devait être alors un lieu de villégiature pour les gouverneurs d'Ané ; et probablement il s'appelait *Kegh* (village). Jusqu'à présent, les Zeïtouniotes donnent ce nom à leur ville, et n'emploient le mot de *Zeïtoun* qu'en parlant à un étranger. Ce sont les Turcs qui ont donné ce nom (qui veut dire, en turc, olive), à cause des bois d'olivier qui existaient là en grand nombre. La ville trahit d'ailleurs une construction relativement récente. Il n'y a que la forteresse de Zeïtoun qui porte une marque d'antiquité ; elle est située à l'ouest de la ville, sur un escarpement rocheux très élevé ; elle a été reconstruite en partie dans ce siècle, mais on voit encore sur les rochers les restes de la vieille forteresse.

Deux siècles avant la chute de la royauté roupénienne, des Turcomans, des Persans et d'autres tribus musulmanes étaient venus s'établir dans diverses parties de la Cilicie. Les *Caraman* s'étaient installés à l'ouest de la Cilicie, entre l'Iconie et les districts arméniens de l'environ. Les *Ramadan* avaient obtenu des rois roupéniens le droit de paître leurs troupeaux en hiver dans la plaine d'Adana et en été sur les hauteurs du Taurus. Les *Varchak* s'étaient établis entre Dsamentav, Vahga et Gaïdin. Les *Zulcadir* ou *Dulghadir* étaient devenus très puissants du côté de Marache.

Quelques-unes de ces tribus se contentèrent de régner isolément dans leurs régions ; mais les autres, unies aux Arabes, leurs coréligionnaires, attaquaient sans cesse les Arméniens, jusqu'à ce qu'ils eurent détruit la royauté roupénienne.

Peu de temps après la chute de cette royauté, les Zulcadir se rendirent maîtres de Marache, d'Albisdan, d'Androun et de Gaban, qui étaient alors celles des régions de la Cilicie où les Arméniens étaient le plus nombreux. Persécutés et torturés par ces races musulmanes, la plupart des habitants arméniens des plaines se virent obligés d'émigrer à l'étranger ou de se réfugier dans des sites difficiles ou bien autour de forteresses inaccessibles. C'est à cette époque que la ville de Zeïtoun a été constituée.

Voici la tradition par laquelle les Zeïtouniotes racontent la fondation de leur ville :

— Au moment où la royauté roupénienne agonisait, les Zeïtouniotes se trouvaient encore à Ané-Kahkig (petite ville Ané) et à Ané-Tsor (vallée d'Ané). Les Zulcadir vinrent attaquer Ané, et après un combat acharné, remportèrent la victoire, s'emparèrent de la petite ville et l'incendièrent. Les Arméniens, sans se décourager, se retirèrent vers le nord sur les collines nommées *Saghir*, y dressèrent des tentes noires et se mirent à chanter le récit du combat, tout en nettoyant leurs armes. Le chef des Turcomans avait envoyé un espion pour aller voir ce qu'étaient devenus les Arméniens ; il les croyait écrasés de désespoir et d'épouvante, après tant de pertes considérables. L'espion revint tout stupéfait : « Maître, dit-il, ces chiens de Giaours ont des figures toutes joyeuses, ils dansent et chantent sous leurs tentes, et ils nettoient leurs armes. » Le chef turcoman devient furieux à cette nouvelle, et marche encore une fois sur les Arméniens, avec l'intention de les détruire complètement. Le combat recommence, plus acharné. Les Turcomans l'emportent encore. Les Arméniens se réfugient au pied du mont

Bérid, là où se trouve le Zeïtoun actuel ; ils tombent là, dénués de tout, sans avoir même de quoi manger ; cette fois, ils ont perdu, même leurs tentes. Ils en improvisent avec des feuillages, et s'asseyant dessous, sans aucun découragement, toujours décidés à résister, ils recommencent à chanter leurs chansons de guerre, en tapant sur quelques casseroles qui leur restent, à défaut du violon qu'ils ont perdu. Le chef turcoman envoie encore son espion, qui revient raconter ce qu'il a vu. Le chef, admirant l'indestructible vitalité des Arméniens, s'écrie : « Je crois qu'il est impossible de subjuguer ces hommes ; quel dommage qu'ils ne soient pas musulmans ! » Et, levant son camp, il part.

Zeïtoun devient alors un nid de braves. La tradition se conserve, devient éternelle. L'histoire de cette petite ville fondée par une poignée de combattants, n'est qu'une longue suite de luttes.

II

LE GÉNÉRALISSIME HÉTOUM
ET LA PRINCESSE ZARMANOUHI.

Léon VI de Lusignan, le dernier roi de la Cilicie arménienne, tomba captif aux mains des Arabes en 1375, et fut emmené à Alep avec sa femme, sa fille et son maréchal favori le Français Sohier Doulcart. D'Alep, il fut envoyé au Caire, près du Sultan d'Egypte. Les Musulmans d'Egypte étendirent dès lors leur domination sur les Arméniens de Cilicie.

Selon les traditions des Arméniens de Zeïtoun et de Hadjin, Léon VI fut assiégé dans la forteresse de Gantchi, pendant neuf mois. Une partie de ses soldats prirent la fuite ; les autres se livrèrent avec lui, et furent égorgés par l'ennemi à l'entrée de la gorge de Gantchi, tandis que leur roi était emmené comme captif.

Un de ceux qui échappèrent au massacre était le généralisime Hétoum. Celui-ci s'était distingué, par ses exploits, du temps de Constantin III, le prédécesseur de Léon VI; il avait vaillamment mené le combat livré contre les Egyptiens à Tchoukour-Ova; il tua leur commandant Eumer et remporta la victoire. Sous Léon VI, Hétoum eut encore une fois à combattre contre les Egyptiens, qui étaient venus assiéger Sis; il les repoussa, et tua leur commandant Ali. Après que Léon VI eut été mené en captivité, Hétoum, avec sa bande de combattants, et accompagné de sa femme, Zarmanouhi, qui combattait avec lui, repoussa encore une fois les Egyptiens; l'héroïque Zarmanouhi réussit, entre autres exploits, à faire captif le fils du Sultan. Hétoum fut tué par un traître; alors sa femme se réfugia sur les montagnes de Goguisson et d'Ulnie; elle y erra pendant cinq ans, sans se faire connaître, réunit autour d'elle trois cents des montagnards, et ayant avec elle son fils Kévork, attaqua la forteresse de Gaban, la prit et en chassa les Zulcadir. Elle continua ses combats, et, peu à peu, elle s'empara de Goguisson, de Gantchi, de Fournous, d'Arékine ; elle gouverna toutes ces régions pendant soixante-cinq ans, avec vaillance et sagesse (1).

Outre les quelques districts indépendants où régnait Zarmanouhi, il se trouvait en ces temps-là, dans les montagnes voisines, d'autres districts et plusieurs forteresses aux mains des Arméniens. Les Arabes n'avaient pas pu s'emparer complètement de la Cilicie ; ils avaient détruit la royauté arménienne, mais ils n'avaient pas réussi à subjuguer tous les chefs arméniens qui s'étaient réfugiés sur les montagnes et dans les forteresses et y avaient formé des principautés indépendantes. Le plus célèbre d'entre ces districts libres était *Tsakhoud* (2) avec ses deux fameuses forteresses *Gobidar* et *Partser-Pert* ; dans cette dernière était conservé le trésor des rois roupéniens. Jusqu'en 1467, les Arméniens étaient non seulement indépendants dans ces régions, mais selon le dire des chroniqueurs ottomans ils attaquaient les musulmans et les forçaient à leur payer un péage,

---

(1) Ces renseignements sur Hétoum et sur Zarmanouhi sont tirés d'un mémoire écrit, en 1473, par le vartabed Guiragos, frère du prêtre Ohannès, curé de Gantchi et parent de la famille de Hétoum.

(2) Ce district s'appelle maintenant *Tchakhed*.

jusqu'à ce que Chah-Suar, de la famille des Zulcadir, parvînt à subjuguer ce district. Six ans après, les Arméniens de Partser-Pert s'insurgèrent et reconquirent leur indépendance. Mais, en 1485, les Ottomans les assujettirent définitivement et ravagèrent les environs. Les Arméniens de tous ces parages s'enfuirent vers les plateaux de Sarus, principalement autour de la forteresse de Hadjin. C'est à cette époque que Hadjin, ainsi que Zeïtoun, fut peuplé d'un grand nombre d'Arméniens, et ces deux districts, après plusieurs combats sanglants, devinrent deux centres d'indépendance arménienne en Cilicie.

III

LES INVASIONS DE CHAH-SUAR. — LE RENFORCEMENT DE ZEITOUN.

Zarmanouhi et ses fils avaient vaillamment gouverné Zeïtoun et ses environs pendant soixante-cinq ans, mais les Zulcadir du voisinage devinrent de plus en plus puissants et étendirent leur domination jusqu'à Césarée.

Les Européens ont donné le nom d'*Alidouli* ou *Aladouli* à l'ensemble de pays se trouvant sous le joug des Zulcadir (1). Le plus hardi et le plus rusé des conquérants que cette famille produisit fut Chah-Suar. Le plus grand obstacle

---

(1) Il y a jusqu'à présent une tradition à Marache, selon laquelle la famille Zulcadir succédera pour le Califat et pour le Sultanat à la famille d'Osman, si celle-ci manque de descendant mâle.

à l'agrandissement de cette domination turcomane, étaient les Arméniens du Taurus ; Chah-Suar déploya toutes ses forces pour les soumettre. Il commença par attaquer Pertous où se trouvaient en ce temps-là des Arméniens en grand nombre. Ceux-ci étaient les plus anciens des émigrés arméniens en Cilicie, et leur prince *Kogh-Vassil* (Vassil-le-Voleur) y régnait déjà avant que Roupen fût venu fonder une principauté arménienne. Pertous se trouvait derrière Marache ; les Arméniens étaient là comme une menace perpétuelle contre la capitale des Zulcadir ; et ils les empêchaient de marcher vers Albistan et prenaient le péage aux musulmans. Chah-Suar écrasa les Arméniens et ruina ce district ; les Arméniens se réfugièrent pour la plupart à Zeïtoun. Pour assurer sa capitale contre toute attaque, Chah-Suar fit venir plusieurs tribus turcomanes de Caraman et les établit à Marache où ils ont jusqu'à présent un grand quartier nommé *Caramanli*, et à Pertous, près de la forteresse Engouzoud, où se trouve encore un grand village portant le même nom.

Après Pertous, Chah-Suar dirigea ses armes contre Gantchi et Gaban. En 1435, après de longues et sanglantes luttes, il s'empara de Gaban. Les survivants de la population arménienne s'enfuirent avec leurs princes à Zeïtoun et à Hadjin. Une partie de cette population, composée de gens faibles et pauvres, resta toujours à Gaban, acceptant toutes les souffrances pour ne pas se séparer du sol natal. Ce fut la chute finale de Gaban, qui avait eu un si grand et glorieux passé. En même temps que Gaban, Gantchi aussi avait passé sous le joug turcoman.

Malgré ces déboires, les Arméniens du Taurus ne perdirent jamais leur amour de la liberté ; se refusant à accepter une vie d'asservissement, ils allèrent se grouper à Zeïtoun qui s'agrandissait de plus en plus. Là, ils livrèrent plusieurs batailles contre les musulmans des environs, et ils défendirent vaillamment leur district lorsque les ennemis venaient en nombre considérable pour détruire ce nouveau et dangereux nid de révolte. Les Zeïtouniotes n'allaient combattre loin de leur district que lorsqu'ils trouvaient à leur portée des bandes musulmanes dont les forces étaient proportionnées aux leurs ; mais lorsque des forces considérables et régulières venaient contre Zeïtoun, ils les attendaient près de leur ville et c'est là qu'ils livraient le combat. Ils ont d'ailleurs un proverbe : « Le grand combat, c'est celui que nous livrons près de notre ville. » Ils ne pouvaient pas faire autrement, car, depuis la chute de la royauté arménienne, ils n'avaient plus ni les munitions ni les préparatifs d'une armée régulière, ils formaient en quelque sorte des bandes de bachibozouks. Mais si pauvrement munis qu'ils fussent, ils ont toujours montré un dévouement héroïque pour défendre avec obstination leur foyer d'indépendance.

Les Zulcadir livrèrent plusieurs batailles pour s'emparer de Zeïtoun, mais la victoire resta toujours du côté des Zeïtouniotes. Depuis les jours historiques jusqu'à présent, une croyance inébranlable s'est formée parmi cette population sur l'indestructibilité de leur indépendance. Ils ont une maxime qui dit : « Notre ville ne peut pas nous être prise, notre ville est *vakouf* (1). »

Ainsi Zeïtoun devint un centre très puissant. Il n'était plus, comme avant, un village d'Arékine ; au contraire, Arékine, Gaban devinrent ses villa-

---

(1) *Vakouf* est un mot arabe ; en Turquie, on appelle ainsi les biens sacrés, les propriétés appartenant aux églises et aux mosquées. Les Zeïtouniotes croient que Zeïtoun appartient à la nation arménienne et à Dieu.

ges et Fournous, son hameau. Les princes et les châtelains s'établirent à Zeïtoun et, avec ceux qui s'y trouvaient déjà, gouvernèrent la ville et les villages des environs.

Ces princes appartenaient à des familles très anciennes qui ont produit pendant la royauté des hommes illustres dans l'armée.

La ville de Zeïtoun fut divisée en quatre quartiers dont chacun était gouverné par une des quatre familles princières, et les quatre ensemble gouvernaient la ville entière.

Voici les noms des quatre familles, classées selon leur ancienneté :

1° Les *Sourénian*, possesseurs de la forteresse de Zeïtoun, gouverneurs du quartier *Sourénian* ;

2° Les *Apardian*, gouverneurs du quartier *Véri-Tagh* ;

3° Les *Chorvoïan*, gouverneurs du quartier *Boz-Baïr* ;

4° Les *Yaghoubian*, gouverneurs du quartier *Gargalar*.

Les deux premières familles sont venues d'Ané et ont été les premières à s'établir dans le *Kegh*. Les Chorvoïan doivent être venus de Pertous, car tout en étant très puissants, ils n'ont eu aucun pouvoir sur les villages environnant Zeïtoun, et ils ont dirigé eux-mêmes tous les combats qui ont été livrés pour défendre les villages des environs de Pertous.

Après la prise de Gaban, les Zulcadir devinrent très puissants et conquirent tous les environs, excepté Zeïtoun. Un des chefs de la famille Zulcadir, Hassan-Bek, marcha jusqu'en Géorgie en 1465. Chah-Suar, qui était le frère de Hassan-Bek, assujettit d'abord les Turcomans du nom d'*Abaner* qui le gênaient, les repoussa vers le sud et ils se sont établis au nord de Païas, dans les hauteurs de l'Amanus, où ils se trouvent encore sous le nom d'*Abalar*.

Mais l'endroit qui devint le théâtre principal des invasions de Chah-Suar fut le district d'Androun, qui était en ce temps-là un des centres de la Cilicie où les Arméniens se trouvaient en grand nombre. Androun a été toujours une voie ouverte à toutes les invasions; il mérite son nom qui, en arménien, veut dire *sans-porte*. Il forme l'unique passage du Taurus de l'ouest vers l'est ; et depuis les temps très anciens, les légions romaines et les armées byzantines sont passées par là pour aller contre les Persans et les Arabes.

Chah-Suar voulut posséder Androun pour avoir le chemin ouvert vers Sis, la capitale arménienne, et vers les plaines d'Adana. Des combats terribles eurent lieu, et le pays se vida de ses habitants arméniens qui se réfugièrent dans des endroits inaccessibles. Pour peupler le pays et pour neutraliser les forces des districts arméniens, Chah-Suar fit venir des Turcs à Androun. Il fonda le hameau de *Kars-Zulcadrié* dans le district arménien d'Amouda avec les émigrés turcs de Kars que son frère Hassan-Bek avait fait venir de Géorgie, et c'est pour cela que ce hameau prit le nom composite de Kars-Zulcadrié. De même, lorsqu'il prit Sis en 1468, pour affaiblir l'élément arménien, il y établit quelques milliers de Turcs qu'il fit venir de Damas.

Chah-Suar détruisit aussi plusieurs forteresses et couvents qui se trouvaient sur le Taurus et qui portaient des traces de constructions arméniennes ou chrétiennes. Il les détruisit pour faire perdre aux populations arméniennes leurs sentiments de nationalité et d'indépendance et pour les rendre incapables de s'insurger en les privant de leurs endroits fortifiés (1).

(1) Les pachas ottomans ont suivi l'exemple des chefs turcomans, et

Encouragé par ces victoires, Chah-Suar se souleva contre les Memlouks d'Egypte, les vainquit et prit Damas en 1468. Le sultan Katiba envoya une grande armée contre Chah-Suar ; celui-ci ne put pas résister à cette force formidable, se réfugia en 1469 dans la forteresse Dsamentav (Zamanti) et après un siège prolongé il se rendit et fut amené en Egypte. Le sultan Katiba le fit pendre au Caire.

Pendant tous ces événements, une partie des Arméniens de la Cilicie avaient été massacrés ou pillés, et les autres s'étaient réfugiés dans des endroits inaccessibles. Le pays resta sans culture, et bientôt arrivèrent la peste et la famine ; celle-ci dura trois ans et fit plus de ravage que le feu et l'épée.

Avant la défaite de Chah-Suar, les janissaires ottomans étaient déjà une première fois entrés dans les régions occidentales de la Cilicie. S'avançant de plus en plus sur le Taurus, ils prirent aussi en 1473 la forteresse de Seg qui était l'ancienne forteresse de Fournous. Ils y laissèrent des

c'est pour cela qu'on voit aujourd'hui plus de trois cents ruines de couvents et de forteresses, dont quelques-unes seulement sont encore en état de servir, comme la forteresse de Païas qui sert de prison pour les forçats.

gardiens, dont cent cinquante partirent bientôt jusqu'au port d'Aïas pour le défendre contre les Vénitiens qui étaient venus l'occuper avec l'aide des Persans et des Caramanli.

Après l'arrivée des Ottomans, les Zeïtouniotes trouvèrent des conditions plus favorables pour assurer leur indépendance, grâce à une politique habile et clairvoyante qu'ils pratiquèrent. Pour les Zeïtouniotes, le joug de leurs voisins les Zulcadir semblait bien plus insupportable et barbare que celui des Ottomans; les Zulcadir voulaient assurer leur domination en supprimant les Arméniens, et c'est pour cela qu'ils livraient perpétuellement des combats autour de Zeïtoun. Les Ottomans, bien qu'ils fussent plus puissants et plus tyranniques, ne voulaient pas encore, et ne le pouvaient pas d'ailleurs, prendre en leurs mains toute l'administration du pays; ils voulaient seulement y obtenir une influence prépondérante; et en ces temps-là, plus que les Arméniens, c'étaient les Turcomans qui devenaient le plus grand obstacle à l'extension de l'influence des Ottomans. Les Arméniens furent, pour ceux-ci, des alliés et des guides pour écraser les Turcomans.

Cependant quelques années après la mort de

Chah-Suar, à peine Zeïtoun avait-il commencé à élargir ses limites et à renforcer sa situation que des querelles intérieures éclatèrent.

Lorsque Gaban et Gantchi passèrent aux Turcomans, la grande famille princière qui régnait dans ces deux districts et qui possédait aussi celui d'Arékine, vint avec ses hommes se réfugier à Zeïtoun, dans le quartier de Véri-Tagh ; cette famille est celle qui s'appelle aujourd'hui *Yéni-Dunia*.

Quarante ans après, la lutte commença entre la famille nouvellement arrivée et les Apardian. Les nouveaux arrivants voulurent avoir la place prépondérante dans la ville de Zeïtoun ; la lutte fratricide dura pendant quelques semaines ; les Apardian furent massacrés par leurs rivaux qui avaient avec eux l'élément le plus fort du pays ; quelques jeunes garçons seulement furent sauvés de la famille Apardian.

Les autres familles princières, de peur que la même épée ne se tournât contre eux aussi, s'unirent pour terrasser les usurpateurs ; ceux-ci ne pouvant résister à tant de forces réunies, s'enfuirent en Egypte. Quarante-deux ans après, lorsque la tête du chef Ala-ed-Deuvlé, de la famille Zulcadir, fut envoyée par les Ottomans au sultan d'Egypte, les princes arméniens fugitifs retournèrent à Zeïtoun et s'établirent de nouveau dans le quartier de Véri-Tagh. Les Zeïtouniotes leur firent cette fois un accueil amical et donnèrent à leur famille le nom de *Yéni-Dunia* (mot composé turc qui signifie Nouveau-Monde); dès lors ce nom fut aussi donné au quartier de Véri-Tagh. Les Yéni-Dunia gagnèrent de plus en plus la sympathie des Zeïtouniotes par leurs bienfaits et leurs exploits; ils restèrent jusqu'à la fin les princes les plus influents et les combattants les plus valeureux de Zeïtoun. Les survivants de la famille Apardian acceptèrent de s'assujettir aux Yéni-Dunia et perdirent leurs pouvoirs princiers de jadis. Depuis cette époque les familles princières de Zeïtoun furent classées, non pas selon l'ancienneté, mais selon le degré de vaillance et de puissance, et voici comment:

1° Les Yéni-Dunia;

2° Les Sourénian;

3° Les Chorvoïan;

4° Les Yaghoubian.

Ala-ed-Deuvlé était le successeur de Chah-Suar. Les Ottomans étaient déjà définitivement devenus maîtres de la Cilicie occidentale ; mais dans la partie orientale les Zulcadir continuaient à régner. Le sultan Sélim, ayant conquis la Syrie, avait envoyé le généralissime Sinan-Pacha avec une grande armée contre Ala-ed-Deuvlé. Une grande bataille eut lieu dans la plaine de Goguisson ; les Zulcadir furent vaincus et la tête d'Ala-ed-Deuvlé fut envoyée au sultan d'Egypte en 1517.

Cette bataille a été si favorable dans ses suites pour les Arméniens qu'on peut présumer que les princes de Zeïtoun ont dû aider les Ottomans en envoyant leurs bandes à la bataille ou bien en poursuivant isolément les troupes des Zulcadir. Le sultan Sélim détruisit la domination absolue des Zulcadir et leur fit accepter sa suzeraineté, mais il ne devint maître du pays que nominalement et il choisit les gouverneurs de la province de Marache dans la famille des Zulcadir.

Après que la prédominance des Ottomans se fut établie en Cilicie, le district de Zeïtoun s'agrandit encore et s'étendit jusqu'à Gaban. Les quatre princes de Zeïtoun gouvernèrent leur pays en toute indépendance, à la condition seulement de payer aux gouverneurs ottomans un tribut de dix *kissé aktché*, c'est-à-dire cinq mille piastres. Selon une tradition, les princes de Zeïtoun, sous le sultan Suleïman, envoyèrent un prêtre à Constantinople qui renouvela officiellement les mêmes conditions. C'est à son retour que l'église de Sourp-Hagop fut construite à Zeïtoun (1545).

Les Zeïtouniotes ne payaient pas ce tribut ; ils ne le payaient que lorsqu'on les y forçait ou bien lorsque les valis ottomans s'adressaient à eux avec des mots flatteurs : « Notre gouvernement a besoin de votre assistance, etc ». Et encore ils ne le payaient qu'en donnant des chevaux ou des mulets boiteux et des bœufs malades.

Les princes de Zeïtoun jouissaient de toutes les conditions de princes indépendants, ils levaient eux-mêmes les impôts et n'envoyaient au gouvernement que ce qui leur plaisait.

Les maisons des princes servaient en même temps de caserne, de dépôt, d'hôtel, de tribunal et de bureau d'affaires politiques, mais elles n'ont jamais servi de prison, parce que dans le petit état démocratique de Zeïtoun on n'a jamais senti le besoin d'emprisonner quelqu'un. On punissait les coupables en les tuant simplement ou en les envoyant dans un couvent expier leurs fautes ou bien en les chassant de leur pays. Les princes étaient tout, juges, généraux, diplomates, commerçants, et ils avaient de vastes domaines où ils travaillaient eux-mêmes avec leurs serviteurs.

Les hommes du peuple, bien qu'après la chute de la royauté ils eussent perdu les titres et les uniformes militaires, avaient conservé l'esprit de discipline et la sobriété d'une armée régulière. Ils servaient dans les maisons des princes, travaillaient dans les champs, soignaient les chevaux, accompagnaient les princes dans leurs voyages et souvent se sacrifiaient pour exécuter leurs ordres.

En revanche, les maisons des princes étaient toujours ouvertes au peuple. Il y avait là une table commune où des centaines venaient manger tous les jours. Les pauvres y trouvaient toujours des secours et des emplois. Les princes dépensaient souvent toutes leurs richesses et exposaient même leur vie pour sauver un simple paysan.

Dans les familles princières le chef n'était pas toujours le plus âgé, mais souvent le cadet, lorsque celui-ci était le plus intelligent et le plus brave. Les plus vaillants d'entre les parents, les maires des villages et les chefs des familles patriarcales lui servaient de conseillers et d'état-major.

En temps de guerre, ou bien contre un danger

quelconque, lorsque les parents des princes ou les maires des villages montent à cheval pour conduire le peuple, il y a peu de gens qui les suivent ; mais lorsque le prince lui-même saute sur son cheval, le peuple, tout entier, depuis les enfants jusqu'aux vieillards, le suit éperdument, en abandonnant maison, famille, affaires (1).

Les qualités d'un prince ne se manifestent que pendant la guerre. Les princes ne restent jamais chez eux, ne se contentent pas de lancer des ordres ; pendant la guerre ils sont de vaillants commandants et de véritables combattants ; ils s'élancent les premiers vers l'ennemi et donnent au peuple l'exemple du dévouement et de la bravoure. Les princes qui se sont distingués par un patriotisme et une bravoure extraordinaires, deviennent comme des demi-dieux aux yeux du peuple. Les poètes populaires les immortalisent dans leurs chansons, et le peuple les mentionne dans toutes ses fêtes et banquets. Quant aux princes qui ont été lâches ou faibles, ils ne sont jamais cités ou bien ils sont mentionnés avec des injures.

(1) Jusqu'à présent, si l'on questionne le Zeïtouniote sur son amour de la discipline, il répond : « Si nous n'obéissions pas aux ordres de nos chefs et si nous ne nous jetions pas même dans le feu pour les servir, nos aïeux nous assommeraient. »

Les Zeïtouniotes, entourés de nombreux ennemis ne se conservèrent que par cet esprit de discipline et de solidarité.

Si des querelles éclataient entre les familles princières, on s'adressait le plus souvent, pour arriver à une solution, à l'intervention du Catholicos de Sis ou à la décision d'un conseil d'arbitrage formé par les quatre familles.

Le clergé jouait à Zeïtoun, pour les affaires politiques, un rôle neutre ou passif. Bien que les Zeïtouniotes soient très religieux et estiment beaucoup les hommes du clergé, les princes ne permettent jamais aux ecclésiastiques de se mêler aux affaires politiques et d'exercer une influence sur les destinées du peuple. Dans cette petite démocratie, l'Église a été toujours séparée de l'État.

Le système de quatre princes à Zeïtoun n'est que la suite des quatre grands ministres de la royauté roupénienne. Le même système existait aussi à Hadjin, à Vahga, à Sis, à Païas et dans d'autres villes et villages de la Cilicie.

Après l'an 1500, Zeïtoun eut une période de culture et de prospérité pendant un siècle. Le pays était complètement aux mains des princes arméniens ; il s'enrichit par l'exploitation de ses excellentes et inépuisables mines de fer, que les Zeïtouniotes exportaient dans toutes les provinces de la Turquie ; ils s'en servaient aussi pour forger des armes et ils en fortifiaient leur indépendance et leur richesse. La culture des oliviers et des vers à soie était également une grande source de richesse. Les villages arméniens du Taurus se peuplèrent et s'enrichirent.

Ce qu'il y a de plus à remarquer dans ce siècle, c'est le mouvement intellectuel qui se développa à Zeïtoun et qui dura plus longtemps que cette ère de paix. Le couvent de Sourp-Asdvadsadsine, qui était d'abord tout petit, fut reconstruit et devint un grand séminaire. Les couvents célèbres de Sis, de Sev-Ler (Amanus), d'Androun et de Meds-Kar, étaient restés vides ou n'étaient plus que des ruines après la chute de la royauté. Des vartabeds (1) savants s'étaient réfugiés à Zeïtoun. Le nombre des membres de la communauté du couvent de Sourp-Asdvadsadsine s'élevait jusqu'à trente dont cinq ou six étaient des archevêques ou des évêques. Ce couvent fut un centre qui produisit un clergé éclairé et qui répandit un mou-

---

(1) Docteur, prêtre.

vement intellectuel dans toute la Cilicie. C'est de ce couvent que sortirent au xvie siècle, trois catholicos de Sis, Siméon (1539), Lazare (1545) et Khatchadour (1570). Dans ce couvent avaient été composés des livres historiques, oratoires et didactiques ; malheureusement la plupart de ces livres ont été perdus ou brûlés pendant les combats ; mais il reste encore un assez grand nombre de manuscrits qui donnent une idée de ce mouvement littéraire. On voit dans les mémoires griffonnés sur les marges de ces manuscrits que la plupart des vartabeds de Zeïtoun sont allé faire leurs études dans le grand couvent de Sébaste, d'où devait sortir plus tard le célèbre abbé Mekhitar, le fondateur du couvent de Venise.

Le couvent Sourp-Garabed de Fournous eut aussi sa part dans ce mouvement d'art et de littérature. Dans ce couvent se trouvaient un grand nombre de manuscrits, parmi lesquels il y avait même des œuvres grecques très anciennes. Tous ces trésors furent anéantis par les Turcs pendant les événements de 1895.

Parmi les manuscrits du couvent de Zeïtoun il se trouve des copies d'Écritures Saintes très artistement exécutées, avec des enluminures d'un riche coloris. Mais le manuscrit le plus fameux de Zeïtoun, c'est le grand Evangile richement relié d'argent qui se trouve dans l'église de Sourp-Ohannès ; il s'appelle *l'Evangile de Vassil* ; il a été copié, au XIIe siècle, par l'ordre du prince Kogh-Vassil, et les princes de Boz-Baïr l'ont transporté de Pertous à Zeïtoun. Ce manuscrit est l'objet le plus précieux de Zeïtoun ; le peuple lui attribue une puissance miraculeuse ; il est le *Palladium* de Zeïtoun ; en temps de guerre ou dans des circonstances solennelles, les Zeïtouniotes font serment sur cet Evangile ; et pour tenir ce serment ils se sacrifient volontiers ; ils croient fermement que celui qui y serait parjure aurait éternellement perdu son âme.

IV

LE RENFORCEMENT DES TRIBUS TURCOMANES. — ABAZA. — L'AFFAIBLISSEMENT DE ZEITOUN.

Au commencement du XVIIe siècle, quelques tribus turcomanes et kurdes devinrent très puissantes en Cilicie, surtout dans les parties montagneuses, et réduisirent le pays à un état d'anarchie générale.

C'est en 1865 seulement que les Ottomans réussirent à pénétrer dans ces montagnes et à dominer ces tribus rebelles. Jusque-là, la domination ottomane n'était que nominale. Une lutte féodale s'était perpétuellement livrée dans ce pays tout le long de cinq siècles. Même dans la plaine, les communications étaient difficiles et les voyages pleins de dangers ; le pillage et le meurtre étaient devenus une chose normale. Chaque chef de tribu était le monarque absolu de son district. Parfois, dans des circonstances extraordinaires, ils envoyaient des présents aux chefs féodaux de Marache, pour gagner leur amitié et leur assistance ; ces présents se composaient presque toujours d'objets enlevés aux caravanes (1). Il entrait

---

(1) Pour donner une idée des ravages que commettaient ces chefs de tribu, nous citerons seulement ceux qui se sont commis dans ce siècle par les chefs de tribu de Païas.
Au commencement de ce siècle, le chef turcoman Kutchuk-Ali ou Khalil-Bek régnait dans le district de Païas. Il avait mis sous impôts non seulement les populations de ce pays, mais il pillait même la grande caravane envoyée à la Mecque par le Sultan. Les pachas ottomans essayèrent plusieurs fois de s'emparer de cet homme, mais ils ne réussirent jamais et furent toujours repoussés. Ils finirent par lui accorder le titre de pacha. Cela ne suffit pas pour retenir Khalil-Bek qui continua ses incursions, il se mit même à attaquer les navires européens et à rançonner les voyageurs. Au moment où la caravane de la Mecque passait, pour jeter l'effroi sur les pèlerins, il faisait pendre deux prisonniers à l'entrée du pont de Païas. Il mourut en 1808. Son fils Dédé-Pacha continua l'œuvre de son père. En 1815, au moment du passage de la caravane de la Mecque, ayant appris que la fille de Sultan Mahmoud se trouvait parmi les pèlerins, il l'enleva. Les pachas turcs ne purent jamais s'emparer de lui. En 1818, il fut arrêté par trahison et tomba aux mains de Mustafa-Pacha de Beïlan. On lui coupa la tête et on brûla son corps.
Son frère Mestek-Bek, qui n'avait encore que douze ans, s'enfuit à Marache où il se réfugia chez Ahmed-Pacha-Zulcadir. Dix ans après il quitta Marache pour retourner dans son pays, mais il le trouva occupé par Hadji-Ali-Bek, le chef de la tribu *Karadja* qui régnait en ce moment sur la plus grande partie des plaines de la Cilicie. Il rencontra d'abord une vive hostilité de la part de Hadji-Ali-Bek, mais dans quelque temps ils trouvèrent le moyen de se réconcilier. En 1832, comme Ibrahim-Pacha était venu d'Egypte devant le passage de Beïlan et que Husseïn-Pacha s'était dirigé contre lui avec les troupes ottomanes, Mestek-Bek, pour se montrer ami des Turcs, alla aider Husseïn-Pacha à passer ses troupes par les gorges. Husseïn-Pacha l'envoya à Constantinople pour qu'il y fût récompensé. Mais le Sultan le condamna à mort secrètement. Mestek-Bek réussit à s'enfuir de la prison sous un déguisement européen et revint

très peu d'argent de ce pays dans le trésor du gouvernement. En ces temps-là, même les pachas et les fonctionnaires ne faisaient leurs fortunes qu'au moyen de pillages ou bien avec les présents qu'on leur envoyait pour les corrompre.

En temps de guerre, les chefs de tribu, sur l'invitation du gouverneur général, allaient avec leurs *seymen* (troupes irrégulières) au secours des troupes ottomanes. Parfois aussi, lorsque les circonstances leur étaient favorables, ils refusaient d'aller à l'aide des Turcs et se proclamaient indépendants. Leurs *seymen* se composaient de la foule des habitants des villes et des villages.

Les principales de ces tribus étaient les *Djé-*

dans son pays. Après la victoire d'Ibrahim-Pacha (1832) il s'attacha à lui et devint une sorte de gouverneur général sur les trente chefs féodaux de l'Amanus. En 1843, le gouverneur d'Adana, Ahmed-Izzet Pacha, voulut le soumettre, mais il ne réussit pas ; cela l'irrita et il satisfit sa colère en ravageant tout le Païas et en massacrant la famille de Mestek ; celui-ci s'enfuit encore à Marache chez les Zulcadir, de là il se rendit à Alep, puis à Constantinople. Deux ans après il retourna dans son pays et parvint peu à peu à en redevenir maître. Dans ces dernières campagnes il était assisté par son fils Eumer-Agha. Ils ne se rendirent complètement qu'en 1865 après la chute des Cozan-Oghlou, lorsque Derviche-Pacha, le généralissime des troupes ottomanes, réussit à remporter une grande victoire sur les tribus indigènes. Le gouvernement turc fit transporter les fils de Mestek à Antioche, où ils sont établis définitivement. Le Sultan leur a donné la plus grande partie des domaines de Païas et il leur paye de dix à cinquante livres d'appointements mensuels (230 à 1150 francs).

Tout cela s'est passé à Païas, qui est situé au bord de la mer, où la force des Ottomans trouvait le plus facilement accès ; on peut en présumer ce qui devait se passer dans l'intérieur de la Cilicie où il y avait la plus grande difficulté pour les troupes ottomanes de pénétrer.

rid, les *Rahanli*, les *Tédjirli*, les *Bozdoghan*, les *Djélikanli*, les *Avchar*. Quelques-unes de ces tribus avaient, selon la tradition, une origine arménienne et ils conservent jusqu'à présent quelques rites chrétiens dans leurs cultes. A présent, les *Djérid* ont occupé les endroits se trouvant entre *Kurdè-Dagh* et l'Amanus ; les *Rahanli* tiennent la plaine d'*Amouk-Ova* ; les *Tédjirli* demeurent aux extrémités septentrionales de l'Amanus; les *Bozdoghan* à l'ouest de Zeïtoun ; les *Djélikanli* aux pieds de l'Amanus du côté de l'est, dans le district qui s'appelle maintenant *Islahié*, les *Avchar* au nord de Zeïtoun et les *Varchak* à l'ouest de Hadjin. Toutes ces tribus se composaient de pasteurs nomades. Pendant l'hiver ils descendaient dans les plaines chaudes de Tchoukour-Ova et d'Amouk-Ova, et au printemps ils montaient aux flancs des monts de Zeïtoun, de Goguisson, d'Androun et de Hadjin, dont les beaux pâturages sont connus sous quelques noms spéciaux : *Bin-Bougha*, *Kaz-Bel*, *Naldache*, *Ouzoun-Yaïla*, etc.

Les Bozdoghanli, qui étaient la tribu la plus voisine de Zeïtoun, devinrent très puissants. Leur chef Abaza domina toute la partie orientale du

Taurus et étendit même sa puissance sur Marache, de 1615 à 1634, en y assujettissant les Zulcadir. Pendant les trente années du règne de ce tyran, le pays tout entier nagea dans le sang. Ce n'était pas pour des buts politiques mais pour assouvir ses instincts sauvages qu'il aimait à incendier, à massacrer et à piller toutes les populations du pays, des chrétiens comme les musulmans appartenant à des tribus ennemies.

C'est en ce moment que Gantchi, Gaban et Androun s'affaiblirent; des Turcs s'établirent à Gantchi et près de Zeïtoun se fondèrent les villages turcs de Tanour et Deunghel. En même temps fut fondé le village turc de Gaban, qui devint l'endroit de villégiature et l'abri d'Abaza, après la mort duquel il resta encore la propriété de sa famille et l'antre de leurs brigandages.

Les pachas turcs voyant qu'Abaza devenait puissant, de peur qu'il ne fondât une nouvelle et dangereuse domination, le poursuivirent, finirent par l'arrêter et le décapitèrent en 1634.

Après sa mort, ses successeurs continuèrent sa tyrannie et opprimèrent le district d'Androun. Une famille du nom de *Zulfahar* opprimait en même temps, et avec plus de rigueur, le district d'Androun ; cette famille a des liens de parenté avec les Abaza ; elle existe jusqu'à présent et constitue une des forces principales des Zulcadir.

La lutte entre les tribus nomades et les Zeïtouniotes avait plutôt des causes économiques que politiques ; les tribus voulaient occuper les pâturages et les terrains des Zeïtouniotes et des Arméniens des environs ; la lutte fut longue et furieuse, et pendant ce temps-là les Arméniens s'affaiblirent et s'épuisèrent.

Le gouvernement turc contribua à leur affaiblissement. Les Zeïtouniotes se défendaient tout seuls contre un grand nombre de tribus ; mais le gouvernement turc, en vue de les supprimer, envoyait des troupes régulières au secours des tribus turcomanes. C'est ce qui explique pourquoi les Zeïtouniotes livrèrent dans ce siècle plusieurs combats contre les troupes du gouvernement. Pendant toutes ces luttes, la ville de Zeïtoun resta toujours indépendante, mais sans pouvoir défendre ses environs. Un moment elle perdit même les magnifiques pâturages du mont Bérid, où vinrent s'établir les Tédjirli et les Bozdoghanli. Les Zeïtouniotes laissèrent passer librement ces tribus près de Zeïtoun et ne leur demandèrent plus de péage.

V

LE RELÈVEMENT DE ZEÏTOUN.

Dès 1740, Zeïtoun se mit à recouvrer de nouveau a force première. Les persécutions et les revers [a]vaient fortifié le caractère des Zeïtouniotes et leur [a]vaient appris que pour conserver leur position [i]ls devaient imiter la conduite de leurs ennemis.
Jusque-là ils s'étaient contentés de défendre leur pays contre les attaques ; ils commencèrent à attaquer eux-mêmes les tribus ennemies. Les tribus turcomanes avaient, en ce moment, entre elles des conflits perpétuels et s'affaiblissaient les unes les autres ; les Zeïtouniotes en profitèrent pour les attaquer l'une après l'autre et les écraser, ayant toujours avec eux une de ces tribus qui les aidait pour anéantir les autres. En dix ans, ils

Reliure serrée

nettoyèrent le mont Bérid de tous les Tédjirli, Djélikanli et Bozdoghanli qui s'y étaient établis.

Le défilé de Zeïtoun devint pour toutes ces tribus un passage d'enfer ; pendant l'été, les princes de Zeïtoun se tenaient avec leurs combattants à l'entrée de ce défilé et demandaient le péage aux passants avant de les laisser passer sous l'angle formé par deux épées que tenaient deux d'entre eux. Les épées faisaient tomber les têtes qui ne voulaient pas s'incliner en signe de soumission.

Après avoir délivré leurs terres, les Zeïtouniotes commencèrent à aller au secours des villages arméniens. Les tribus turcomanes eurent avec eux des combats sanglants pour ne pas leur céder les beaux pâturages qu'ils avaient conquis et pour ne pas perdre leur domination sur les villages arméniens ; mais ils furent vaincus et dispersés.

Vers la fin du XVIIIe siècle, les tribus n'osaient plus passer, en été, près de Zeïtoun ; elles avaient choisi les gorges de Képir et de Ghessek pour aller à Bin-Bougha et à Ouzoun-Yaïla. Les princes de Zeïtoun réussirent bientôt à devenir maîtres de ces gorges, aussi ils en firent une espèce de douane pour eux, et y demandèrent le péage aux Turcomans qui passaient par là.

Les Zeïtouniotes cessèrent de s'occuper de métiers agricoles, comme la culture de la soie et du coton ; ils se mirent à exploiter de nouveau les mines de fer et à cultiver les vignes ; le premier de ces métiers leur fournissait des armes et le second leur donnait du vin pour nourrir leur ardeur guerrière. Ils continuèrent toujours à avoir une grande estime pour les hommes instruits ; ils croyaient toujours que l'instruction ennoblit et agrandit l'homme ; mais ils étaient convaincus que dans leur situation, les lettres et les sciences n'étaient pas des nécessités indispensables et qu'elles pourraient même les affaiblir ; ce qu'ils mettaient par-dessus tout, c'était la vaillance. Les jeunes filles refusaient d'épouser les hommes qui n'étaient pas braves.

A cette époque, les Zeïtouniotes devinrent tellement riches et puissants qu'ils se mirent à étendre assez loin de leur pays leurs invasions ; ils allèrent surtout attaquer le district opulent d'Androun, ils attaquèrent trois fois les Bozdoghanli, incendièrent leurs villages et assouvirent les sentiments de vengeance séculaire qu'ils avaient contre eux.

Ils répandirent l'effroi parmi les tribus turcomanes et devinrent pour elles des démons fabuleux.

Le gouvernement turc regarda d'un mauvais œil le renforcement des Arméniens et s'efforça à les subjuguer ; il excita contre eux toutes les tribus ; mais ses efforts furent vains ; les Zeïtouniotes étaient devenus trop puissants.

Pour donner une idée de la richesse de munitions qu'ils avaient en ce temps-là, nous n'avons qu'à citer ce vers d'un poème épique, antérieur à l'an 1860 :

> Dans chaque maison, il y a sept sacs de poudre.

Chaque sac contenait quarante litres de poudre, donc chaque maison en avait 280 litres ; le litre, à Zeïtoun, équivaut à 3 kilos, cela faisait donc 850 kilos de poudre. Naturellement, les familles pauvres n'avaient pas, en temps ordinaire, plus de 2 ou 3 kilos ; en temps de guerre, les princes et les aghas distribuaient des munitions. Il y avait une cinquantaine de familles riches qui possédaient une grande quantité de poudre ; on a calculé qu'à Zeïtoun il se trouvait toujours, en ce temps-là, 42,000 kilos de poudre. C'étaient les

Zeïtouniotes eux-mêmes qui la fabriquaient, et elle était de la meilleure qualité. Pour le plomb, ils le trouvaient abondamment dans les mines qui existent aux environs de Zeïtoun, ils fabriquaient eux-mêmes les fusils qui, en ce temps-là, valaient mieux que ceux des troupes ottomanes, lorsque celles-ci n'étaient pas encore armées des fusils de Martini. Zeïtoun avec ses environs avait 15,000 combattants qui étaient tous armés. Cela présentait une force formidable. Et c'est ainsi qu'ils purent fermer quelque temps toutes les gorges devant les troupes ottomanes.

VI

LES POÈTES POPULAIRES DE ZEÏTOUN.

Avec ses évêques érudits et ses vartabeds lettrés, Zeïtoun a eu toujours ses chanteurs populaires. Les premiers n'ont existé que pendant un siècle et demi; les derniers ont toujours existé et existeront toujours. Si les premiers ont parlé plutôt à l'âme du peuple, s'ils lui ont chanté la vie future, les *achough* (1) ont été les interprètes de la vie présente et ils ont été l'organe des sentiments des Zeïtouniotes.

Les poèmes des achough sont nommés *avetch* par les Zeïtouniotes; ils se séparent en deux catégories : les poèmes épiques et les poèmes pasto-

(1) Mot arménien signifiant : poète populaire.

raux. Les poèmes épiques sont simplement la description des combats et des invasions des Zeïtouniotes, chantés en un style menaçant et fier.

La plupart de ces épopées sont dans une forme de dialogue entre le Turc et l'Arménien. C'est presque toujours le Turc qui commence à débiter ses menaces contre le Zeïtouniote; il parle avec orgueil et vanité; le Turc y paraît avec son caractère de morgue et de férocité en face du faible et du poltron, et d'hypocrite douceur, de suppliante lâcheté en face du fort. Le Zeïtouniote, au contraire, parle d'un ton assuré, franc et intrépide; il s'exalte en se rappelant les exploits passés; il a foi en l'assistance de Dieu et en la protection de ses rochers et de ses gorges, et il ne parle de sa bravoure qu'après le récit de sa victoire. Dans ces épopées paraissent les princes de Zeïtoun, chacun chanté selon ses qualités de vaillance et de dévouement. Après les princes, on voit en scène les maires des villages et les combattants héroïques. Parfois les *avetch* se tournent en diatribes contre les princes, au cas où ceux-ci ont été faibles; ils décrivent leur lâcheté et couvrent leurs noms d'injures.

Les achough sont très nombreux à Zeïtoun;

avec le fusil et le couteau, ils ont un violon; ils constituent la musique militaire de ces troupes arméniennes; ils sont partout; pendant la guerre, ils se jettent au cœur de la mêlée pour se battre eux-mêmes et pour voir de près les actes des héros qu'ils vont chanter. Chaque fois qu'une trêve interrompt le combat, ils accordent leurs violons et se mettent à chanter la guerre, à immortaliser les héros, à exalter les combattants. Et le plus grand rêve, la gloire suprême pour le Zeïtouniote, c'est de mériter que son nom soit chanté par un achough.

Après le combat, les achough sont assis au milieu du cercle des combattants, ou bien ils sont dans les maisons, entourés des familles princières. Leurs chants sont souvent interrompus de cris de joie et d'acclamations. Ces chanteurs ne ressemblent pas aux achough mélancoliques de certaines provinces de la Grande-Arménie qui, assis au coin des caravansérails ou bien autour du foyer paternel, appuyant la tête sur une main, tenant de l'autre un mouchoir, chantent les souffrances et la misère des émigrés, la douleur des veuves et des orphelins. Ici, les chanteurs ont devant eux du vin et de l'eau-de-vie en abondance; quelqu'un tourne, sur le feu la viande passée à la broche, un autre fait le service, un troisième bande ses blessures, un quatrième nettoie ses armes, et les poètes, assis l'un en face de l'autre, chantent d'une voix vibrante. Un étranger se croirait dans une fête de noces, et ne pourrait pas penser que ces chanteurs et ceux qui les écoutent sont allés, ce jour-là même, exposer leur vie, et qu'ils ont perdu des amis et des parents. Le père, le frère ou le fils même de ceux qui sont morts dans le combat prennent part à cette fête héroïque ; mourir dans le combat est la chose la plus naturelle de la vie. Si quelqu'un veut consoler un Zeïtouniote en deuil, celui-ci répond : « Le combat n'est jamais gratuit », ou bien « le bœuf meurt, il laisse son cuir, le brave meurt, il laisse son nom »; et ces deux expressions sont devenues proverbiales.

Les Zeïtouniotes chantent leurs avetch en temps de paix aussi, dans les festins, aux fêtes de fiançailles et de mariages, et pendant le pèlerinage. Parmi les villages de Zeïtoun, c'est Fournous qui produit le plus de poètes ; les gens de Fournous ont le goût plus affiné, le tempérament plus sensuel et passionné. Le maire de Fournous, Kévork Beldérian, est un achough célèbre, qui a composé un grand nombre de chansons amoureuses.

Malheureusement, il ne reste presque rien des anciens poèmes populaires de Zeïtoun. Les avetch actuels sont postérieurs à la défaite des tribus turcomanes par les Zeïtouniotes. Le plus ancien des poèmes qui sont conservés, c'est celui de *Gharadje-Oghlan*, où sont racontés les exploits de ce héros devenu légendaire qui s'écrie dans l'une des strophes les plus enflammées :

> Je voudrais bien sauter sur mon cheval blanc,
> Pour montrer comment on fait la guerre.

Parmi les fragments de poèmes anciens se trouvent aussi des chants sur le célèbre bandit *Keur-Oghlou* qui, bien que d'une race musulmane, a été toujours aimé et admiré par les Zeïtouniotes pour sa bravoure, son audace et sa ruse remarquables.

Les poèmes pastoraux sont composés dans un style plus doux et tracent des aventures amoureuses d'où l'élément héroïque n'est pas absent. Les amours y sont accompagnées de luttes sanglantes, et les enlèvements sont très fréquents. Les amoureux passent leur lune de miel sur les montagnes ou dans les défilés, dans une nature sauvage et rude.

Les plus beaux d'entre ces poèmes amoureux sont l'*Avetch du Bérid* et l'*Avetch du cheval*. Le premier décrit les sites grandioses du mont Bérid, ses forêts pleines de chants d'oiseaux, ses sources pures, ses mines abondantes, la vie joyeuse en été et les isolements amoureux ; il se termine en présentant le Bérid comme une reine qui porte sur les pans de sa robe les deux villes d'Albisdan et de Zeïtoun.

L'*Avetch du cheval* est un poème d'une fierté incomparable. Un combattant cite les diverses variétés du coursier, sur chacune desquelles il trouve un défaut à reprendre ; il finit en préférant entre tous le cheval couleur de tourterelle ; il loue la longueur et l'épaisseur de sa crinière, la solidité de ses sabots, la souplesse et l'agilité de ses jambes, la fière cabrure de sa tête ; il le monte et s'élance à travers les plaines, vers les montagnes de la Cilicie, en décrivant les spectacles qui s'offrent à ses yeux et en rêvant la maîtresse idéale, la femme robuste et belle, dont les joues lui semblent « de la neige tachée de sang ». Il la trouve, la prend dans ses bras et monte vers les cimes neigeuses du Bérid en s'écriant :

« O mon aimée, au milieu des neiges si je te serrais toute nue dans mes bras, l'hiver serait pour moi changé en été. »

VII

LA BATAILLE DE KALENDER-PACHA.

Le gouvernement turc cherchait une occasion propice pour pénétrer dans Zeïtoun et l'assujettir. Cette occasion se présenta, bien que ses suites ne furent pas celles que désirait le gouvernement.

Vers la fin du xviiie siècle et au commencement du xixe, des querelles intérieures éclatèrent entre les princes de Zeïtoun et le peuple. Une des causes principales de ces querelles, c'étaient les Turcs nommés *Hadjilar* qui demeuraient à Zeïtoun; ils avaient à peine une vingtaine de maisons, parlaient l'arménien et habitaient dans le quartier Sourénian. Les Sourénian, irrités contre ces Turcs, les chassèrent de leur quartier et les repoussèrent dans celui de Boz-Baïr; les Arméniens de ce quartier ne voulurent pas les recevoir, et les chassèrent vers Gargalar où ils s'établirent définitivement. Ce fut une cause de dispute entre les divers quartiers arméniens. Le Zeïtouniote est aussi facilement excitable qu'il est à l'ordinaire enclin à la concorde. Les disputes se changèrent bientôt en un combat véritable ; Zeïtoun se divisa en deux partis, les Yéni-Dunia et les Sourénian d'un côté, les gens de Boz-Baïr et de Gargalar de l'autre. Pendant quelque temps ils s'entre-tuèrent ; le combat se prolongea et devint si acharné que les partis rivaux furent obligés de séparer Zeïtoun en deux par une cloison de bois et rompre les uns avec les autres toutes relations, même celles de parenté.

Ce conflit dura sept ans; les gens de Boz-Baïr réussirent une fois à pénétrer dans la forteresse de Zeïtoun et massacrèrent la plus grande partie de la famille des Sourénian ; deux jeunes garçons furent seulement sauvés de ce massacre et perpétuèrent la famille, en la divisant en deux branches dont l'une garda le vieux nom de Sourénian et l'autre porta celui de Passilossian, du nom d'un de ces jeunes garçons. Les Yeni-Dunia et les Sourénian, qui étaient vaincus par l'autre parti, demandèrent l'assistance du gouvernement turc. Celui-ci, qui suivait avec joie cette lutte intérieure, pensa que l'occasion présentée était la plus propice et s'empressa d'envoyer une armée (1805) sous le commandement de Kalender-Pacha ; en même temps, le chef des tribus musulmanes d'Albisdan marcha contre Zeïtoun du côté du nord avec quelques milliers de bachi-bozouks. Kalender-Pacha ne réussit pas à entrer dans Zeïtoun ; les Arméniens de Boz-Baïr et de Gargalar le repoussèrent par une forte résistance, et il fut obligé de camper sur les collines se trouvant en face de la ville de Zeïtoun.

La guerre dura neuf mois ; Kalender-Pacha, voyant qu'il était impossible d'occuper Zeïtoun, essaya d'affaiblir les Zeïtouniotes en surexcitant leurs querelles intestines. Ainsi il s'unissait tantôt à l'un des deux partis et tantôt à l'autre. Il réussit en effet à attiser la lutte fratricide. Au bout de neuf mois, croyant que Zeïtoun n'avait plus aucune force, il exigea que les deux partis à la fois acceptassent de se soumettre au gouvernement et de payer un impôt de 20.000 piastres par an.

Devant le danger commun, les Zeïtouniotes oublièrent toutes leurs disputes futiles, se donnèrent la main tous ensemble. Ils comprirent le tort qu'ils avaient fait à la sécurité de leur petite patrie et à leur renommée morale. En une nuit ils étaient réconciliés ; ils démolirent la cloison séparatrice, s'embrassèrent et jurèrent sur le fameux Évangile de Vassil de chasser, pas plus tard que le lendemain, les ennemis qui menaçaient la Patrie et l'Église.

Vers le matin, Kalender-Pacha, qui ne savait rien de ce qui s'était passé la nuit, fut surpris par les Zeïtouniotes qui tous ensemble étaient venus attaquer ses troupes. Les Turcs eurent des pertes considérables, et s'enfuirent, Kalender en tête, jusqu'à Marache. Cette glorieuse victoire établit définitivement le lien de fraternité entre les quatre quartiers de Zeïtoun.

VIII

MARACHE OCCUPÉ PAR LES ZEÏTOUNIOTES. — LA GUERRE DE TCHAPAN-OGHLOU.

Après la bataille de Kalender-Pacha, les Zeïtouniotes devinrent plus puissants et furent complètement indépendants. Non seulement ils continuèrent à attaquer les villages musulmans des environs, mais dès 1810 ils se mirent à étendre leurs invasions jusqu'à Marache. Ils occupèrent deux fois cette ville, où ils restèrent pendant quelques semaines. Aujourd'hui il est presque impossible d'expliquer la haine qu'ont nourrie pendant des siècles l'un contre l'autre le Turc de Marache et l'Arménien de Zeïtoun ; ceux qui ont fait naître cette haine, c'étaient les Zulcadir.

A Marache, depuis des temps très anciens, à

part les Zulcadir, il existait une autre famille féodale du nom de *Béyazidli*. La ville de Maraché est divisée en deux par une petite vallée. Après l'établissement nominal de la prédominance ottomane, la partie orientale s'est soumise aux Zulcadir, et l'occidentale aux Béyazidli. Ces deux familles étaient ennemies et rivales par tradition et par intérêt. Le passage nommé *Boghaz-Kessen*, où se trouve à présent le marché de Maraché, constituait la partie méridionale de la ville et n'était qu'une gorge boisée, il y a encore quarante ans. Tous les jours des crimes s'y commettaient; les musulmans des deux partis s'entr'égorgeaient. Les Zulcadir étaient des gens fanatiques, avares, oisifs, oppresseurs et pillards; ils avaient sous leurs ordres toutes les tribus des environs et voulaient aussi dominer les Béyazidli. Ces derniers étaient des gens paisibles et travailleurs et comprenaient les intérêts réels de leur pays; ils étaient convaincus que les Arméniens étaient l'élément le plus utile de ce pays. En outre, les Béyazidli avaient besoin de protéger les Arméniens, parce que ceux-ci présentaient physiquement et moralement une grande force, sans laquelle ils n'auraient jamais pu résister au joug tyrannique des Zulcadir. C'est pour cela qu'ils aimaient, flattaient et aidaient les Zeïtouniotes. Et aux époques où ils ont pu obtenir les faveurs des sultans de Constantinople et avoir l'influence prépondérante dans la ville de Marache, Zeïtoun a joui d'une situation prospère et paisible ; au contraire, lorsque les Zulcadir réussissaient à reconquérir leur prédominance, ce qui arrivait le plus souvent, ils faisaient tous leurs efforts pour amener une guerre contre Zeïtoun.

Après l'an 1815, Osman-Pacha, le chef des Béyazidli, écrasé par ses rivaux, appela les Zeïtouniotes à son secours ; ceux-ci acceptèrent volontiers sa proposition et marchèrent par milliers sur la grande et opulente ville de Marache. En descendant tout d'abord par le mont Akher-Dagh, ils tombèrent sur la vigne d'Ahmed-Pacha-Zulcadir qui se trouve à Ouloudjakh. Les femmes et les domestiques qui se trouvaient dans le palais s'enfuirent effrayés vers la ville. Ce jour-là on faisait la lessive au palais du pacha et on avait étendu le linge pour sécher sur les ceps de vigne ; les Zeïtouniotes ramassèrent le linge et passant les chemises et les caleçons au bout de leurs fusils, ils se jetèrent sur la partie orientale de la ville. Jusqu'à présent les vieillards arméniens et les Turcs Béyazidli racontent avec orgueil que les Zeïtouniotes ont déployé comme trophées les caleçons d'Ahmed-Pacha. Après être entrés dans la ville, ils massacrèrent un grand nombre des partisans d'Ahmed-Pacha, mirent les autres en déroute, et nommèrent Osman-Pacha gouverneur général du district.

Quelques années après, celui-ci fut encore vaincu par ses rivaux et se vit forcé d'appeler encore une fois les Zeïtouniotes à son secours ; ils vinrent de nouveau, remportèrent la victoire et demeurèrent pendant quelques semaines à Marache. Osman-Pacha, pour affirmer sa puissance et son prestige, ordonna aux Zeïtouniotes de forcer les chefs du parti rival à venir, tout déshabillés, se prosterner devant lui. Les Zeïtouniotes exécutèrent ponctuellement la volonté de leur ami : ils allèrent faire sortir les Zulcadir de leurs maisons, les déshabillèrent et les amenèrent devant le Pacha, qui leur dit orgueilleusement : « Apprenez désormais à vous soumettre ; j'ai derrière moi toute la montagne de Zeïtoun ; n'oubliez pas que les Zeïtouniotes sont mes amis. »

Le gouvernement turc voulut punir la conduite

audacieuse des Zeïtouniotes et supprimer leur influence, qui s'étendait dans la province de Marache; il envoya en 1819 une grande armée contre Zeïtoun, sous le commandement de Tchapan-Oghlou.

Tchapan-Oghlou était l'ami intime du Sultan Mahmoud; c'était un tyran enragé qui fit même pendre un grand nombre de chefs de tribus musulmanes; son nom est resté chez toutes les populations arméniennes et musulmanes de l'Empire ottoman comme synonyme de fléau.

Les Zeïtouniotes, loin d'avoir peur de cet homme redoutable, se défendirent vaillamment contre lui et mirent en fuite son armée.

IX

PÈLERINAGE DES ZEÏTOUNIOTES.

Dès les temps de la royauté roupénienne, les Arméniens de la Cilicie aimaient à aller chaque année par bandes nombreuses en pèlerinage à Jérusalem. Le plus précieux des présents faits au couvent de Saint-Jacques vient des pieux rois roupéniens. Les Zeïtouniotes, qui sont toujours restés très religieux, conservèrent cette coutume du pèlerinage, qui en même temps était pour eux une grande source de plaisir et d'intérêts. Aux temps où les bateaux à vapeur n'existaient pas encore, lorsque les voiliers étaient exposés à toutes sortes de risques, les Zeïtouniotes allaient par voie de terre en pèlerinage et ils gagnaient de l'argent en conduisant d'autres pèlerins sur leurs mulets. Depuis 1890, le pèlerinage a presque cessé à Zeïtoun à cause de l'appauvrissement de la population et par suite des persécutions politiques. Mais on y voit encore des vieillards qui portent sur leurs bras une longue rangée de tatouages indiquant le nombre de leurs pèlerinages, qui s'élèvent chez les uns jusqu'à trente.

Les Zeïtouniotes trouvaient l'occasion de prouver leur vaillance même pendant le pèlerinage. En passant par la Syrie, ils avaient toujours des rencontres avec des bandes turcomanes, arabes ou druzes, ils les mettaient en fuite et leur enlevaient le butin qu'ils allaient offrir au tombeau du Christ pour être purifiés de leurs péchés. C'est pourquoi les pèlerins arméniens, grecs ou syriens qui voulaient partir d'Alep ou de Marache pour Jérusalem, préféraient avoir des muletiers zeïtouniotes.

Les Zeïtouniotes avaient quelquefois recours à leurs armes, même près du Saint-Tombeau. Des pèlerins riches qui attendaient debout du matin jusqu'au soir dans l'église de Sourp-Haroutioune, avaient de la peine, malgré tout ce qu'ils payaient aux vartabeds, à voir la lumière qui brûle sur le Tombeau, parce que les premières places étaient réservées aux Zeïtouniotes, comme aux « guerriers défenseurs de la lumière ». Les prêtres arméniens et grecs, qui tâchent, dans des buts intéressés, d'exciter le fanatisme et l'amour-propre du peuple, faisaient naître chaque année sur les Saints-Lieux un conflit entre les Grecs et les Arméniens. Les uns voulaient allumer leurs cierges avant les autres à la lumière du Tombeau, la querelle commençait et ne tardait pas à se changer en un combat sanglant; les palicares grecs et macédoniens en venaient aux mains avec les Zeïtouniotes; il y avait des morts et des blessés des deux côtés; les Zeïtouniotes l'emportaient presque toujours.

Mais le pèlerinage le plus solennel et le plus agréable des Zeïtouniotes, c'était celui qu'ils faisaient chaque année au couvent Sourp-Garabed de Césarée; ils y allaient par plusieurs centaines pendant les fêtes de la Transfiguration.

Le défilé était pittoresque et avait presque une allure épique. Vêtues d'*intari* en satin rayé, les vestons en drap brodé de filigranes d'or arrivant jusqu'à la ceinture, le visage recouvert d'une voilette, les pieds chaussés de souliers rouges, les cheveux séparés en plusieurs tresses liées par une rangée de pièces d'or, la plupart ayant à leurs ceintures des pistolets et des poignards enfoncés dans les baudriers d'argent : c'étaient les femmes de Zeïtoun qui allaient montées sur des mulets tout sonores de grelots.

Devant et derrière les mulets ou à leurs côtés, marchaient des jeunes hommes robustes ; ils avaient à leurs pieds des sabots légers et étroits ; des culottes de laine enveloppaient leurs jambes ; une ceinture rougeâtre serrait leur taille, contenait les pistolets et portait les poudrières de cuir ; de la ceinture pendaient les sabres longs d'un demi-mètre, à côté de petites boîtes à poudre et de sacs qui contenaient des balles ; leurs bustes étaient recouverts de vestons en laine bariolée, les manches relevées jusqu'aux coudes ; et les manches très longues de leurs chemises, attachées par leurs bouts, passaient derrière leurs nuques ; à leur dos, du côté droit, se dressaient les fusils, ayant des canons d'un mètre de long, et des crosses plates en forme triangulaire ; ils portaient le fez tunisien, enveloppé de grands *kefié* de soie rouge, plusieurs fois enroulés, donnant un aspect terrible à leurs visages ; ils étaient tous de haute taille avec de blondes moustaches retroussées sur leurs figures alertes et jeunes (1) : c'étaient les braves de Zeïtoun.

Les princes de Zeïtoun accompagnaient la procession : ils étaient à cheval ; ils portaient de larges culottes plissées en drap brodé, le buste recouvert d'une tunique tissée de fils d'or sur laquelle brillaient les boutons en soie jaune ; ils avaient pour ceinture des châles de Lahore ou de Tripoli, des vestons en drap brodé d'or couvraient leur dos, et leurs armes se distinguaient parmi toutes les autres par leur qualité et par leurs ornements d'argent.

On voyait encore dans ce défilé les chanteurs avec leurs violons et leurs outres gonflées de vin ; des adolescents versaient le vin à tout le monde et les poètes chantaient les avetch du pays.

Le défilé s'arrêtait souvent en chemin, mais dès qu'il se remettait en marche, il regagnait bientôt le temps perdu ; les Zeïtouniotes sont de grands marcheurs.

Les pèlerins avaient souvent affaire avec des

---

(1) Un voyageur français, M. Léon Paul, qui a visité Zeïtoun en 1864 trace le portrait des combattants zeïtouniotes de la manière suivante « Tous ces montagnards sont jeunes ; le plus âgé ne dépasse pas vingt-cinq ans : tous ont l'air ouvert, aimable, distingué ; nous avons peine à nous figurer qu'on risque quelque danger à passer au milieu d'eux sans escorte. »

tribus turcomanes qu'ils rencontraient en chemin, et souvent ils leur prenaient les chevaux et les mulets, pour arriver plus vite au couvent de Sourp-Garabed.

Au couvent de Césarée, comme à Jérusalem, les vartabeds avaient parfois maille à partir avec les Zeïtouniotes ; ici encore les moines aimaient à louer très cher leurs cellules aux riches pèlerins de Constantinople et de Césarée ; les Zeïtouniotes ne trouvaient pour eux-mêmes que les écuries ; mais ils forçaient toujours les moines à coups de bâton et quelquefois de couteau, à leur donner de bonnes chambres.

Après être restés au couvent pendant une semaine, les Zeïtouniotes retournaient à leur pays, en interrompant souvent leur voyage par des combats avec des bandes musulmanes.

X

ACHOUGH-DAVOUD. — IBRAHIM-PACHA
ET DÉLI-KÉCHICHE.

Après la bataille de Tchapan-Oghlou, Zeïtoun continua à conserver son indépendance. Quant aux Arméniens du district d'Androun, ceux-là jouirent d'une situation paisible, grâce à la bravoure des Zeïtouniotes et grâce aux chants d'un poète populaire arménien.

Ce poète qui s'appelait Achough-Davoud, vécut jusqu'à la moitié de ce siècle; son nom est resté immortel chez les Arméniens comme chez les Turcs. Il a été un homme doux, sage, vénérable; ses paroles et ses chants ont adouci la férocité des Zulfahar et des Abaza, dont il était aimé et respecté. Il a même donné son nom à un village arménien (Davoudenk), fondé en ces temps de troubles et qu'ont habité ses parents et ses amis.

De 1830 à 1840, lorsque Ibrahim-Pacha, le fils du grand Méhemmed-Ali, dominait toute la Cilicie, Zeïtoun conserva toujours son indépendance. Ibrahim qui, avant de conquérir un pays, allait souvent, déguisé, l'examiner de près, en passant par les monts d'Amanus, avait fait examiner les montagnes de Zeïtoun et s'était écrié : « Ces monts ne sont qu'un piège pour moi. »

En 1835, Ibrahim-Pacha essaya de s'emparer de Zeïtoun et de Hadjin, et envoya contre ces deux districts un régiment albanais. Mais à peine celui-ci était entré dans les gorges du Taurus, que les Zeïtouniotes, ayant avec eux les Cozan-Oghlou, les repoussèrent victorieusement et désormais Ibrahim ne tenta plus de subjuguer le nid d'aigles.

Il avait même admis dans son armée un prêtre zeïtouniote qui s'était distingué par sa bravoure dans les luttes contre les Turcs et il l'avait nommé major. Ce prêtre s'appelait Der-Ohan Der-Hagopian, du quartier Gargalar de Zeïtoun; mais les Arméniens et les Turcs le connaissent en général sous le surnom de *Déli-Kéchiche* (1).

(1) Déli-Kéchiche veut dire en turc *le prêtre fou*. Un prêtre combat-

Les vieillards turcs, kurdes, arabes, avchars et tédjirlis se rappellent encore avec épouvante et admiration la grande bravoure de cet homme et sa rare habileté à manier le cheval et les armes. Il avait une haine furieuse contre les musulmans et il en a tué un grand nombre pendant ses voyages.

Déli-Kéchiche resta pendant dix ans dans l'armée égyptienne et l'on dit même que plus tard il entra dans l'armée ottomane et alla se battre à Bagdad.

Les poètes de Zeïtoun ont chanté les exploits de cet homme dans l'*Avetch de Déli-Kéchiche*.

tant semble si bizarre aux yeux des Turcs que s'ils en voient un ils le croient fou. Et c'est pourquoi plus d'un prêtre zeïtouniote a mérité ce surnom.

XI

LA CHUTE DE HADJIN.

Vers 1840, dans la ville de Hadjin, il y eut un grand et désastreux changement : Hadjin avait été jusque-là un puissant centre arménien jouissant d'une demi-indépendance et qui avait toujours été comme le bras droit de Zeïtoun.

Au moment où Ibrahim-Pacha pliait toute la Cilicie sous son joug, les Cozan-Oghlou, profitant de la faiblesse du gouvernement turc, se soulevèrent contre lui, refusèrent de payer l'impôt et se proclamèrent maîtres indépendants des districts de Vahga, de Bozanti, de Sis et de Sarkhand. Un des chefs de cette tribu, Youssouf-Ahga, s'était emparé des villages de Keutune (Gaïdin) et de Ghernichen, se trouvant près de Hadjin. Il voulait se rendre maître de cette opulente ville de Hadjin qui en ce temps-là avait quatre mille maisons arméniennes et était gouvernée par ses princes arméniens. Le chef turcoman marcha trois fois avec des *seymen* nombreux contre Hadjin et, se postant sur le mont de Sourp-Sarkis, il se mit à faire pleuvoir des balles sur la ville. Les gens de Hadjin entrèrent dans la forteresse de Sourp-Asdvadsadsine qui se trouve en face du mont Sourp-Sarkis, ils résistèrent vaillamment et parvinrent à repousser les ennemis.

Youssouf-Agha, confus de sa défaite, se rendit à Marache pour demander l'assistance d'Ahmed-Pacha-Zulcadir. Celui-ci, connaissant la bravoure des Arméniens, songea qu'il valait mieux essayer de les subjuguer par la ruse que par la force. Il vint, feignant une amitié cordiale, passer l'été sur le mont Kirez, se trouvant à six heures de distance au sud de Hadjin. Il écrivit aux princes de cette ville et leur dit qu'il désirait les réconcilier avec Youssouf-Agha. L'un des princes, Hadji-Eghig soupçonna le piège et s'opposa tout d'abord à accepter l'invitation d'Ahmed-Pacha, mais entraîné par les autres princes, il se rendit avec eux,

LA VILLE DE HADJIN

n'ayant qu'une escorte de douze combattants, à la résidence du chef Zulcadir.

Ahmed-Pacha et Youssouf-Agha leur firent tout d'abord un accueil amical ; mais au bout de dix minutes, les *seymen* turcomans, qui étaient à l'affût, les entourèrent soudain et les garrottant de chaînes, les fourrèrent dans une prison. Le lendemain, un bourreau leur coupa la tête. On dit que Hadji-Eghig, avant de mourir, cria à la face de Youssouf : « Tu n'es qu'un fils de catin, et comme tu n'as pas réussi par l'épée, tu as eu recours au métier de ta mère. »

Les Arméniens de Hadjin, en perdant leurs princes, perdirent aussi leur force morale. La ville se trouva impuissante à résister aux Cozan-Oghlou qui y entrèrent et s'en emparèrent. L'administration de la ville resta toujours aux mains des notables arméniens, mais le joug tyrannique des Cozan-Oghlou pesa sur la ville, qui s'affaiblit et s'appauvrit de plus en plus.

Les Cozan-Oghlou essayèrent aussi d'attaquer Zeïtoun plusieurs fois, mais ils furent toujours repoussés. Ils finirent par se réconcilier avec les Zeïtouniotes et s'allièrent à la fin contre l'ennemi commun qui était le gouvernement turc.

XII

LA BATAILLE D'AKDJA-DAGH.

Vers 1849, les Kurdes d'Akdja-Dagh (1) s'étaient mis à faire des invasions dans les districts des environs, les ravageaient et pillaient, et menaçaient toute la province de Sivas. Le gouvernement turc voulut les soumettre. Le grand-vizir lui-même était venu de Constantinople, à la tête d'une armée considérable composée de cinquante mille soldats.

Les troupes ottomanes assiégèrent Akdja-Dagh de toutes parts et lui livrèrent un assaut furieux. Les Kurdes, fortifiés dans les montagnes et dans les gorges, les repoussèrent plusieurs fois. Les

---

(1) Akdja-Dagh se trouve au nord de Zeïtoun, dans la province de Sivas, près de la ville de Gurune.

troupes ottomanes, écrasées et épuisées, se trouvaient incapables de recommencer la lutte. Mais il était indispensable d'assujettir les Kurdes, car leur victoire aurait enhardi toutes les tribus qui étaient déjà en révolte à se proclamer indépendantes du gouvernement turc.

Pour avoir raison des Kurdes rebelles, le gouvernement se vit obligé de s'adresser aux Zeïtouniotes et de demander leur assistance, avec des promesses de privilèges à accorder. Les Zeïtouniotes acceptèrent la proposition du gouvernement, à la condition que leurs troupes ne se mêleraient pas aux troupes ottomanes, et qu'ils combattraient isolément sous le commandement de leurs princes. Le grand-vizir consentit à cette condition, et la bataille commença entre Kurdes et Arméniens.

Déli-Kéchiche était en ce moment de retour de Bagdad, chargé d'ans et d'expérience. Les princes de Zeïtoun formèrent une troupe de quatre cents combattants et la confièrent au commandement de Déli-Kéchiche.

Du premier coup, les Zeïtouniotes grimpèrent sur la forteresse d'Akdja-Dagh et s'en emparèrent. Ils massacrèrent les Kurdes et enlevèrent tous leurs biens.

Tandis que les troupes ottomanes continuaient à être écrasées par les Kurdes dans d'autres endroits, les Zeïtouniotes, après avoir pris la forteresse, attaquèrent les Kurdes par derrière et leur firent subir des pertes considérables. Une panique se répandit parmi les Kurdes, qui se mirent à prendre la fuite. C'est alors seulement que les troupes turques entrèrent dans les monts d'Akdja-Dagh et prirent leur revanche en incendiant les maisons et en égorgeant les fuyards.

Le grand-vizir, émerveillé de l'habileté et de la bravoure des Zeïtouniotes, eut l'idée d'en former un régiment d'avant-garde dans son armée, pour assujettir les tribus rebelles. Déli-Kéchiche, apprenant l'intention du grand-vizir, ordonna à ses troupes de prendre le butin, et traversant l'armée ottomane pendant la nuit, il se rendit à Zeïtoun. Dès ce jour, Akdja-Dagh resta toujours soumis et garda une haine profonde contre les Zeïtouniotes.

Cette victoire rehaussa le prestige des Zeïtouniotes aux yeux des tribus musulmanes. Mais le gouvernement turc, au lieu de récompenser Zeïtoun pour le service qu'il avait rendu, voulut au contraire déployer tous ses efforts pour l'écraser.

XIII

SULEÏMAN-PACHA. — KHOURCHID-PACHA.

Le gouvernement turc regardait toujours avec un grand mécontentement la puissance de Zeïtoun. Le gouverneur de Marache, Suleïman-Pacha, concentra tous ses efforts à l'assujettir. Il avait donné l'ordre aux Turcs d'attaquer les Zeïtouniotes rencontrés loin de Zeïtoun, dans les villes et sur les chemins.

Les Zeïtouniotes résistèrent à toutes les menaces. Le gouvernement avait détaché la commune de Fournous du district de Zeïtoun et l'avait relié à celui de Yénidjé-Kalé, pour maîtriser au moins cette partie de Zeïtoun et pour la mettre sous impôts. Les princes de Zeïtoun ne voulurent pas accepter cet arrangement, ils chassèrent les percepteurs d'impôts et continuèrent à les lever eux-mêmes.

En 1857, un grand nombre de Circassiens, émigrant du Caucase, arrivèrent à Marache ; le gouverneur voulut les faire établir à Zeïtoun. Les montagnards arméniens repoussèrent cette proposition, et ils livrèrent même plusieurs combats avec les troupes ottomanes près du passage de Seg.

En ce moment, le gouvernement turc était devenu très orgueilleux ; c'était après la guerre de Sébastopol, et il avait la joie d'avoir vaincu le Russe, son ennemi traditionnel ; les grandes puissances d'Europe avaient été de son côté contre les « Moskof Giavours ». Il décida de soumettre le Zeïtoun ; il lui manquait un prétexte, qui ne tarda pas.

En 1858, vers la fin d'automne, un samedi, les Turcs de Marache assiègent la maison de l'agent consulaire anglais, M. Kirmani. Cet européen, qui était un homme honnête et bon, avait blâmé et insulté le juge turc pendant un jugement, pour sa partialité corrompue. Le juge irrité était allé, pour se venger, exciter le fanatisme de la populace musulmane ; un grand nombre de Turcs armés, vinrent assiéger la maison de « l'Inglis Giavour ». L'Anglais se défendit courageusement. Il avait déjà fait éloigner de la maison son enfant au moyen d'un Arménien. Il prit un fusil, il en donna un autre à sa femme, et tous les deux se mirent à tirer par les fenêtres sur la foule assemblée. Quatre ou cinq Turcs furent tués ; les autres, désespérant de pouvoir saisir tout vivants l'anglais et sa femme, mirent le feu à la maison, en croyant qu'ils se rendraient peut-être devant ce danger de mort imminent. Mais les deux Anglais continuèrent à tirer, et lorsque les flammes envahirent toute la maison, ils s'embrassèrent et se jetèrent dans le feu (1).

Lorsque les Zeïtouniotes apprirent que les Turcs avaient brûlé, à Marache, un *Haï-Krisdoné* (2), ils devinrent furieux et décidèrent de le venger.

En plein mois de décembre, traversant la neige qui s'élevait à une hauteur d'un mètre, ils passèrent par le mont d'Akher-Dagh, entrèrent à

---

(1) Les Zeïtouniotes ont composé un poème épique pour célébrer l'héroïsme de cet admirable couple, et le nom de Kirmani est honoré à Zeïtoun à l'égal d'un héros national.

(2) *Haï-Krisdoné* veut dire arménien-chrétien. Les Zeïtouniotes confondent la nationalité avec la religion ; pour eux, tout Arménien est chrétien, et tout chrétien est Arménien ; ils croient que l'Anglais, le Français, le Grec et tous les peuples chrétiens sont frères et sont Arméniens.

Marache, massacrèrent un grand nombre de Turcs et retournèrent avec un riche butin.

Ce fut là le prétexte attendu par le gouvernement. En été 1859, Khourchid-Pacha fut envoyé à Zeïtoun avec une armée de 12,000 soldats, qui vinrent camper pendant deux semaines au bord du Djahan, près du pont Vartabed. Khourchid-Pacha commença par proposer aux Zeïtouniotes de se rendre pacifiquement, sous la menace d'incendier et de détruire Zeïtoun s'ils ne se soumettaient pas. Les Zeïtouniotes ne furent pas effrayés de cette menace ; ils se postèrent derrière des barricades qu'ils construisirent en face de l'armée ottomane, aux sommets du mont Chembek et dans la vallée de Ghelavouz-Déré.

Khourchid-Pacha décida de commencer l'attaque, le 20 juin. Sans savoir que les Arméniens l'attendaient à l'affût, il entra avec son armée dans le long et profond défilé. Les Zeïtouniotes repoussèrent d'abord les bachi-bozouks qui venaient du côté méridional de Chembék, puis ils tombèrent sur l'armée, et l'attaquèrent de toutes parts ; en poussant de grandes et terribles exclamations, ils jetèrent la frayeur parmi les Turcs et se mirent à les tuer sans pitié. Aux premiers

UN COMBATTANT ZEÏTOUNIOTE

coups, Khourchid-Pacha prit la fuite; les soldats, ayant subi des pertes considérables, se dispersèrent sur les montagnes et les collines et s'enfuirent jusqu'à Marache.

Après cette défaite, le gouvernement comprit qu'il était impossible de recommencer l'attaque avec des forces médiocres et se décida à attendre quelques années et à accumuler des forces considérables pour pouvoir anéantir définitivement Zeïtoun.

Un vartabed zeïtouniote, qui était en même temps un combattant et un achough, composa après la guerre un poème de victoire qui, jusqu'à présent est chanté à Zeïtoun sous le nom de « l'Avetch de Khourchid-Pacha ». Nous donnons ce poème en entier, avec la traduction française que nous en avons trouvée dans une étude de Victor Langlois (1).

Accourez, mes frères, venez entendre le récit de nos hauts faits, comment l'infidèle Khourchid, qui voulait nous anéantir, fut écrasé.

Ecoutez, mes frères, le récit de l'agression de Khourchid-Pacha. Oh! cette année-ci fut glorieuse pour nous!

L'impie était décidé à nous massacrer, afin d'enlever nos femmes, nos enfants et nos biens.

(1) *Revue des Deux-Mondes*, 15 février 1863.

Mais qu'il ne compte plus sur ses milliers de soldats, qu'il tremble désormais devant nous et que ceux de Marach apprennent aussi à respecter la foi du Serment !

Salut à nos chefs qui nous conduisirent sur le champ de bataille, salut à nos sages gouverneurs qui veillent à notre sûreté, salut à nos valeureux princes, et vive notre pays !

En ce moment sublime, Iénidunian s'écrie : « En avant tous ensemble ! plus de crainte : je vous procurerai un riche butin ! »

Surénian reprend : « Je commande à mille guerriers qui vont courir à la mort pour défendre l'indépendance; marchons à l'ennemi ! »

Kosroian crie à son tour : « Arrêtez, c'est à moi de marcher le premier à la tête de mes guerriers ; c'est à vous de suivre mon exemple et de repousser l'invasion musulmane. »

Balian reprend : « Admirez mes braves, enviez et ma poudre et mon plomb, prenez tout et tirez juste ; mes biens, mes fusils et ma vie sont à la nation. »

Garabed le Kaia dit à son tour : « Libre montagnard, c'est à moi, gardien de Zeïtoun, de défendre le chemin de la liberté. A moi, mes fils, à moi ! Ayons foi en Dieu et montrons-nous dignes de nos ancêtres en abaissant l'orgueil d'un pacha exécré. »

« Mes greniers sont garnis de blé. Ne comptez plus sur des secours; un pain par jour et combattons dix ans. Nous avons bien assez vécu ; il faut nous sacrifier au salut de nos frères. Dieu et la croix sont avec nous ! »

XIV

LA BATAILLE D'AZIZ-PACHA. — L'INTERVENTION
FRANÇAISE.

Vers la fin de juillet 1862, il y eut un conflit entre les paysans turcs de Ketmen et de Béchen qui étaient en bonnes relations avec les Zeïtouniotes.

Un Turc de Ketmen ayant voulu s'approprier les terres d'un Turc de Béchen, celui-ci s'y opposa et il s'ensuivit une dispute dans laquelle un Turc de Béchen fut tué par les gens de Ketmen. Les Turcs de Béchen s'adressèrent à Kaia-Garabed, maire d'Alabache, qui jouissait partout d'une grande renommée de bravoure et de bonté. Il appartenait à une famille ancienne et exerçait une profonde influence sur ses paysans; il avait conduit plusieurs combats, et dans l'espace de vingt-cinq années ayant repoussé les Turcs du sommet de Chembek jusqu'au village Kurtul, il avait élargi les limites d'Alabache à huit heures de distance, jusqu'au fleuve Djahan.

Le maire arménien se rendit avec quelques-uns de ses compatriotes à Béchen pour faire la justice. Les Turcs de Ketmen qui s'étaient mis à l'affût, les attaquèrent en chemin et l'un des Arméniens fut tué. Le Kaia Garabed s'adressa alors avec les Turcs de Béchen aux princes Yéni-Dunia de Zeïtoun auxquels tous ces villages étaient soumis. Tchil-Pacha Yéni-Dunia (1), prenant avec lui un bon nombre de combattants, se rendit à l'endroit du conflit. Les Turcs de Ketmen ne voulurent pas se soumettre et résistèrent; le prince, furieux, attaqua les rebelles et les fit tous passer au fil de l'épée. Seul, le vrai coupable, Gul-Ali, celui qui était la cause de ce conflit, s'enfuit à Marache et se plaignit au gouverneur Aziz-Pacha.

Celui-ci, brûlant de colère, s'empressa de réunir l'Assemblée administrative dont les membres,

---

(1) Les Arméniens et les Turcs de Zeïtoun ont l'habitude de donner le titre de pacha aux princes de la famille Yeni-Dunia.

Suleïman-Bek, Hadji-Eumer Effendi et Nédjib Effendi, appartenant tous les trois à la famille Zulcadir, étaient bien connus par leur fanatisme. Ils décidèrent d'envoyer une armée contre Zeïtoun.

Kévork Mouradian, un Arménien patriote, qui était l'homme le plus riche et le plus influent de Marache, et qui était très estimé et aimé par les Zeïtouniotes, informa tout de suite par des moyens secrets les princes de Zeïtoun de la décision des Turcs de Marache et leur donna même des conseils pour la conduite qu'ils avaient à tenir.

Les Turcs de Béchen envoyèrent à Marache une délégation pour justifier les Arméniens; les princes de Zeïtoun communiquèrent à Aziz-Pacha un grand rapport où ils expliquaient leur conduite. Le gouvernement ne voulut rien entendre et ordonna aux quatre princes de se rendre à Marache pour donner des explications. Ceux-ci, comprenant que cette invitation n'était qu'un piège, ne voulurent pas aller à Marache et envoyèrent un rapport à M. Molinari, l'agent consulaire français, qu'ils priaient d'intervenir entre Aziz-Pacha et le Zeïtoun. M. Molinari alla parler au

Pacha, qui répondit d'un ton de mépris : « Je veux en finir avec ces rebelles et avec ces assassins en les supprimant jusqu'au dernier. » Ce soir-là même, il reçut de Constantinople des ordres de marcher contre Zeïtoun sans délai, et avant de revoir M. Molinari, il envoya Djamous-Oghlou, le chef des Tédjirli avec son *seymen* de six mille cavaliers, qui vinrent le jeudi 19 août se camper près d'Alabache, à Islam-Pounari.

Le lendemain, les Tédjirli incendièrent les maisons arméniennes se trouvant à l'ouest du fleuve Gurédine et essayèrent à cinq reprises à traverser le fleuve, mais les deux défenseurs d'Alabache, le Kaia Garabed et le Kaia Mikaël, les repoussèrent avec une pluie de balles.

Les Turcs de Maraché, excités, se mirent à menacer de massacrer les Arméniens de leur ville. Par ordre supérieur, un grand nombre de *seymen* de bachi-bozouks, des Kurdes, des Avchars, des Circassiens, près de 20,000, s'assemblèrent à Maraché; le gouvernement avait promis spécialement aux Circassiens de leur donner le Zeïtoun s'ils parvenaient à s'en emparer. Ceux-là ne connaissaient pas les Zeïtouniotes et croyaient que la victoire serait facile. Plusieurs

Turcs de Marache avaient vendu leurs maisons et acheté des mulets pour transporter, après la vic-

NAZARETH-SOURÉNIAN

toire, les femmes de Zeïtoun à Marache. Parmi les tribus turcomanes, les Cozan-Oghlou seulement refusèrent de se rendre à l'ordre du gouvernement ; « Les Zeïtouniotes, dirent-ils, sont de bons voisins et d'excellents alliés pour nous; l'épée trempée dans leur sang pourrait plus tard tourner contre nous. » Les autres tribus ne furent pas aussi prévoyantes et préparèrent leur perte de leurs propres mains.

Le 21 août, Aziz-Pacha avec 30,000 soldats et bachi-bozouks, un grand nombre de mollahs et un canon, franchit le mont d'Akher-Dagh et campa près de la rivière de Pertous, en face du village Tchakhir-Déré de la commune d'Alabache.

A Zeïtoun, les princes tinrent un conseil et décidèrent de résister jusqu'à la fin pour défendre leur honneur et leur indépendance; ils ne discutèrent que sur l'endroit où ils attendraient l'ennemi. Les trois princes citaient le fameux proverbe de Zeïtoun : « La grande bataille a toujours lieu tout près de Zeïtoun », et voulaient assembler tous les combattants de Zeïtoun et des environs pour se poster à l'entrée de leur ville. Seul le prince de Boz-Baïr, Ghazaros Chorvoïan s'opposa à cette idée; il voulait qu'on allât jusqu'à Tchakhir-Déré, non seulement pour chasser les ennemis, mais pour ne pas leur permettre d'incendier les villages arméniens. « Montrons, criait-il, que nous avons fait du progrès depuis nos aïeux. » Mais les autres princes, plus prévoyants et plus prudents, n'acceptèrent pas cette proposition. Le prince Chorvoïan persista dans son idée et se rendit tout seul à Tchakhir-Déré, avec 400 combattants de son quartier. Tchil-Pacha Yéni-Dunia le suivit jusqu'au mont Chembek pour défendre le couvent de Sourpe-Perguitch et le passage de Ghelavouz-Déré.

Les Arméniens de Boz-Baïr et d'Alabache se postèrent à Tchakhir-Déré, sur des collines terreuses, derrière des barricades ou des broussailles. Le 22 août, l'armée d'Aziz-Pacha traversa le Djahan et Djamous-Oghlou, passa la rivière de Gurédine. Ce dernier perdit un grand nombre de ses cavaliers sous les balles des Arméniens.

De trois parts, l'ennemi attaqua les Arméniens. Ceux-ci résistèrent vaillamment, mais l'ennemi était considérablement nombreux ; une immense fumée envahit bientôt l'étroite vallée. Le combat dura quatre heures, les Arméniens finirent par ne plus rien distinguer à cause de la fumée qui s'épaississait.

L'idée du prince de Boz-Baïr était plutôt

héroïque que prudente. Il était certes impossible de pouvoir résister avec 800 personnes à une armée de 40,000 hommes, surtout étant postés sur des collines terreuses, sans gorges ni rochers, ayant un accès très facile. Et en effet au bout de quatre heures, les Turcs, bien qu'ils eussent perdu 1200 des leurs, parvinrent à monter par derrière au sommet des collines et à tirer d'en haut sur les Arméniens. Ceux-ci s'aperçurent alors qu'ils étaient perdus, et voulurent battre en retraite, mais il était trop tard.

La commune d'Alabache présente un labyrinthe de collines escarpées; les habitants seuls connaissent tous les chemins cachés de ce pays; ils peuvent aller dans six heures jusqu'à Zeïtoun, tandis que les Zeïtouniotes mettent ordinairement seize heures pour y arriver.

Cette fois encore, pendant la retraite, les Arméniens d'Alabache réussirent à prendre la fuite en prenant avec eux 300 Zeïtouniotes qui étaient dans leurs rangs. Soixante et onze combattants de Boz-Baïr, des plus jeunes et des plus courageux, se trouvèrent assiégés dans un détroit par un nombre considérable d'ennemis, et bien qu'ils eussent résisté avec un héroïsme désespéré, arméniens. « Montrons, criait-il, que nous avons fait du progrès depuis nos aïeux. » Mais les autres princes, plus prévoyants et plus prudents, n'acceptèrent pas cette proposition. Le prince Chorvoïan persista dans son idée et se rendit tout seul à Tchakhir-Déré, avec 400 combattants de son quartier. Tchil-Pacha Yéni-Dunia le suivit jusqu'au mont Chembek pour défendre le couvent de Sourpe-Perguitch et le passage de Ghelavouz-Déré.

Les Arméniens de Boz-Baïr et d'Alabache se postèrent à Tchakhir-Déré, sur des collines terreuses, derrière des barricades ou des broussailles. Le 22 août, l'armée d'Aziz-Pacha traversa le Djahan et Djamous-Oghlou, passa la rivière de Gurédine. Ce dernier perdit un grand nombre de ses cavaliers sous les balles des Arméniens.

De trois parts, l'ennemi attaqua les Arméniens. Ceux-ci résistèrent vaillamment, mais l'ennemi était considérablement nombreux; une immense fumée envahit bientôt l'étroite vallée. Le combat dura quatre heures, les Arméniens finirent par ne plus rien distinguer à cause de la fumée qui s'épaississait.

L'idée du prince de Boz-Baïr était plutôt

héroïque que prudente. Il était certes impossible de pouvoir résister avec 800 personnes à une armée de 40,000 hommes, surtout étant postés sur des collines terreuses, sans gorges ni rochers, ayant un accès très facile. Et en effet au bout de quatre heures, les Turcs, bien qu'ils eussent perdu 1200 des leurs, parvinrent à monter par derrière au sommet des collines et à tirer d'en haut sur les Arméniens. Ceux-ci s'aperçurent alors qu'ils étaient perdus, et voulurent battre en retraite, mais il était trop tard.

La commune d'Alabache présente un labyrinthe de collines escarpées; les habitants seuls connaissent tous les chemins cachés de ce pays; ils peuvent aller dans six heures jusqu'à Zeïtoun, tandis que les Zeïtouniotes mettent ordinairement seize heures pour y arriver.

Cette fois encore, pendant la retraite, les Arméniens d'Alabache réussirent à prendre la fuite en prenant avec eux 300 Zeïtouniotes qui étaient dans leurs rangs. Soixante et onze combattants de Boz-Baïr, des plus jeunes et des plus courageux, se trouvèrent assiégés dans un détroit par un nombre considérable d'ennemis, et bien qu'ils eussent résisté avec un héroïsme désespéré, ils tombèrent tous sous les balles innombrables que les ennemis faisaient pleuvoir sur eux. Quelques-uns d'entre eux, qui avaient échappé à la mort, allèrent raconter à Zeïtoun l'admirable vaillance avec laquelle cette poignée de héros avait résisté pendant plus d'une heure contre tout un régiment. Le souvenir de ces martyrs de la liberté est religieusement conservé à Zeïtoun et dans les environs. Leurs corps sont enterrés à Tchakhir-Déré, là où ils tombèrent ; on y a placé des pierres informes en guise de tombeaux ; les grands cèdres qui s'y élèvent font penser à la taille gigantesque des héros qui y combattirent. Les femmes et les jeunes filles des villages y vont souvent en pèlerinage ; elles s'agenouillent, se signent et baisent les pierres avec ferveur.

Les troupes d'Aziz-Pacha avaient incendié le village de Tchakhir-Déré, puis toutes les maisons de la commune d'Alabache ; elles arrivèrent le soir dans la plaine de Tchermouk et y campèrent.

Le soir elles brûlèrent les villages d'Avakenk et de Kalousdenk, pillèrent le couvent de Sourp-Perguitch où elles détruisirent un grand nombre d'antiquités et de manuscrits.

La nouvelle de cette défaite plongea le Zeïtoun tout entier dans une grande tristesse. Tout le quartier de Boz-Baïr prit le deuil. Zeïtoun avait perdu en un jour 101 combattants, 71 de Boz-Baïr, 30 d'Alabache ; et jamais dans aucun combat, Zeïtoun n'avait eu une perte aussi considérable. Le prince Ghazaros s'était retiré dans sa maison, écrasé de honte et de douleur ; il se repentait de n'avoir pas suivi l'expérience ancestrale du pays. Cet homme vit jusqu'à présent ; vieillard octogénaire, il se rappelle parfois encore cette malheureuse journée dont il porte toujours le deuil ; mais jusqu'à présent il est l'un des hommes les plus aimés à Zeïtoun pour son ardent patriotisme.

Aziz-Pacha attendit quatre jours à Tchermouk ; il voulut d'abord inviter les Arméniens à se rendre pacifiquement ; il les croyait assez affaiblis pour accepter cette condition honteuse. Mais le désir de vengeance animait le Zeïtoun tout entier : les montagnards arméniens refusèrent la proposition et se décidèrent à livrer un combat définitif.

Le 25 août, les princes tinrent encore une fois un conseil et décidèrent que chaque soir un des quatre quartiers enverrait une centaine d'hommes pour garder le couvent de Sourp Asdvadsadsine ;

MEGUERDITCH YAGHOUBIAN

ils décidèrent aussi de fixer des hommes pour la garde du passage de Zeïtoun.

Les Zeïtouniotes croyaient que l'ennemi n'arrivait que de deux côtés : Aziz-Pacha de Tchermouk par le chemin de Saghir, et Djamous-Oghlou par le chemin de Gargalar. Ils ne croyaient pas qu'ils étaient assiégés d'autres côtés aussi ; c'est pour cela qu'ils concentrèrent toutes les forces sur les deux principaux passages et ne mirent qu'une cinquantaine de combattants à l'entrée des gorges de derrière.

Une de ces petites troupes de garde était composée par les hommes du quartier Yéni-Dunia, et elle attendait près du couvent Sourp-Asdvadsadsine à l'entrée de la gorge d'Eridjk. Le soir même ils virent avec étonnement qu'Ahmed-Pacha Zulcadir venait du côté d'Albisdan avec 3.000 soldats et bachi-bozouks et campait dans la gorge étroite ; il ne croyait pas que les Zeïtouniotes y eussent placé des gardes, et comptait les surprendre le lendemain en entrant sans résistance à Zeïtoun du côté de l'est. Les cinquante Zeïtouniotes qui attendaient là décidèrent, sans consulter personne, d'attaquer pendant la nuit cette force considérable qui se trouvait en face d'eux.

Les soldats d'Ahmed-Pacha avaient allumé des feux, et au moment où ils préparaient leur *pilav*, les Arméniens se jetèrent sur eux de divers côtés en poussant des cris énormes, en faisant pleuvoir des balles. Les soldats, surpris et effrayés et croyant qu'ils étaient assaillis par quelques milliers d'ennemis, se mirent à s'enfuir sans aucune résistance; les Arméniens les poursuivirent, tout en tirant sur eux, jusqu'à trois heures de distance; la plupart des Turcs se réfugièrent à Albisdan; Ahmed-Pacha avait réussi à arriver avec sept soldats jusqu'au camp d'Aziz-Pacha, en passant par le pont de Vartabed. Le *pilav* resta aux Arméniens, qui s'en régalèrent; ils trouvèrent aussi des armes et munitions en grande quantité, ainsi que des chevaux, des bestiaux et toutes sortes d'objets. La nouvelle de cette victoire se répandit bientôt à Zeïtoun et anima toute la population d'un grand enthousiasme, tandis qu'elle jetait le découragement et la peur parmi les troupes ottomanes.

Le lendemain, le jeudi 26 août, c'était la fête de l'Assomption. Les Zeïtouniotes sortirent des églises en nombreuses processions et en promenant partout le *Khatch-Alem*, cette fameuse image miraculeuse du Christ crucifié, ils se rendirent jusqu'aux collines de Saghir et et d'Echek-

Meïdani, pour aller au-devant de l'ennemi qui s'avançait contre eux. Un grand nombre des femmes de Zeïtoun accompagnaient les combattants. Mais les soldats d'Aziz-Pacha, au lieu d'arriver par le passage de Saghir, s'étaient mis à grimper les monts d'Atlek pour attaquer d'en haut les Zeïtouniotes. S'avançant toujours sur les hauteurs, ils occupèrent bientôt les cimes de Berzenga et d'Ak-Dagh. Les Arméniens quittèrent le passage de Saghir, s'élancèrent vers les hauteurs et commencèrent une furieuse résistance. Mais les ennemis, s'étant déjà rendus maîtres de quelques fortes et hautes positions, descendaient en foule vers la ville. Les Arméniens se virent obligés de reculer; mais tout en reculant ils s'arrêtaient souvent par bandes et se postant derrière des rochers, des tertres ou des troncs d'arbre, ils tiraient sur les Turcs; ainsi la retraite dura quatre heures sur un chemin d'une heure. Les Zeïtouniotes rentrèrent enfin dans la ville, en attirant les ennemis à l'entrée du grand et funeste défilé de Zeïtoun. Les cavaliers Tédjirli, au lieu d'arriver du côté occidental, où ils auraient trouvé le sort des troupes d'Ahmed-Pacha, traversèrent la rivière de Zeïtoun et s'avancèrent par les collines plates d'Ané-Tsor jusqu'au cimetière, à dix minutes de Zeïtoun.

Malheureusement la retraite des Arméniens avait été si rapide que les Zeïtouniotes désignés pour la garde du couvent Sourp-Asdvadsadsine n'eurent pas le temps de se rendre à leur poste. Il n'y avait dans le couvent qu'un vieux vartabed, un diacre et une dizaine d'élèves de dix à douze ans.

Les Circassiens descendirent vers le couvent par les pentes rocheuses de derrière ; une partie d'entre eux l'assiégea, les autres descendirent plus bas, jusque dans la vallée orientale, pour entrer à Zeïtoun. Du couvent jusqu'au croisement des deux rivières de Zeïtoun, sur un espace d'une demi-heure, s'étendait la chaîne colossale de l'armée turque. A quinze minutes du couvent, vers l'ouest, ils avaient établi un canon qui grondait sur la ville. Une bande de mollahs et de derviches, divisés en plusieurs dizaines, tournoyaient le long des troupes en hurlant : « Haï, heuï ! » Ils excitaient par des prières la fureur fanatique des soldats turcs, ils battaient des tambours pour chasser les démons, et quelques-uns d'entre eux s'évanouissaient parfois en écumant, à force d'implorer le Prophète d'arriver au secours de ses fidèles.

Les Zeïtouniotes envoyaient de leurs maisons une grêle de balles sur les ennemis dont ils tuaient des centaines. Les balles de leurs fusils allaient plus loin que celles des *filinté* des soldats turcs, qui n'arrivaient pas jusqu'à eux.

Un jeune Zeïtouniote voulut venger la mort de ses compatriotes et décida de tuer Aziz-Pacha lui-même ; il aperçut au loin, près du canon, un homme au pantalon galonné de rouge, il crut que c'était Aziz-Pacha ; il courut à travers les milliers de balles, arriva près de l'homme et le tua. Il s'était trompé : cet homme n'était qu'un sergent d'artillerie, et le pauvre héros tomba, frappé d'une balle, en voulant retourner.

Les Circassiens avaient d'abord, avec méfiance, fait le tour du couvent, mais ne voyant aucun fusil se diriger sur eux, ils s'approchèrent sans peur et voulurent entrer.

Le vartabed Sahag Keutchékian, qui alors était le diacre du couvent, voyant qu'il leur était impossible de résister, proposa aux jeunes élèves de s'enfuir à Zeïtoun ; ceux-ci refusèrent de fuir et se décidèrent à mourir dans le couvent. Alors il prit l'image de la Sainte-Vierge et descendit vers Zeïtoun. Lorsqu'il s'approcha de Khatch-Kor, il trouva à l'entrée de ce passage les deux princes Yéni-Dunia Asvadour et Tchil-Pacha et le diacre

GHAZAROS CHORVOÏAN

Der-Tavitian qui attendait là tout seul, décidé à se battre jusqu'à la mort, malgré le découragement des combattants qui s'étaient déjà retirés ; Sahag se joignit à ce petit groupe ; ils dressèrent sur le rocher l'image miraculeuse, dans l'espoir qu'elle serait la limite sacrée infranchissable pour l'ennemi.

Les Circassiens arrivèrent jusque-là en nombre considérable, conduits par trois beks célèbres. De là, jusqu'à Zeïtoun, il ne restait plus qu'un chemin de deux minutes. La ville se trouvait dans un danger mortel. Aziz-Pacha rayonnait de joie et croyait déjà sa victoire assurée.

Une partie des Circassiens avait déjà essayé d'entrer au couvent. Les jeunes élèves, ne voulant pas mourir paisiblement, se mirent à tirer par les trous des murs et tuèrent une dizaine de Circassiens ; puis en changeant de place, ils allèrent tirer par les fenêtres et ils en tuèrent encore une dizaine. Les Circassiens, croyant que le couvent était plein de milliers d'Arméniens, prirent la fuite, frappés d'épouvante. Juste à ce moment-là, par une heureuse coïncidence, les trois chefs arméniens qui attendaient devant le Khatch-Kor, tuèrent les trois beks circassiens ; leur mort jeta l'effroi parmi leurs combattants qui se mirent à prendre la fuite. A cette vue, le diacre Sahag cria d'une voix retentissante :

— « Les musulmans s'enfuient, les musulmans s'enfuient ! »

Les cavaliers Tédjirli, croyant que le détachement septentrional de l'armée était en effet écrasé et en train de fuir, s'empressèrent de tourner leurs chevaux et se mirent eux-mêmes à fuir. Leur fuite acheva de jeter le trouble dans l'armée, qui, frappée d'une panique générale, rompit les rangs et se mit à fuir. Les Zeïtouniotes, profitant de cette occasion, sortirent de leurs cachettes, poursuivirent les fuyards et firent un grand carnage.

Aziz-Pacha avait été un des premiers à fuir.

Quant aux Circassiens, comme ils étaient descendus des pentes rocheuses, ils crurent que le seul chemin de sortie était encore par là et s'y dirigèrent ; les Zeïtouniotes les surprirent par derrière et en tuèrent une grande partie.

Aziz-Pacha s'arrêta, avec les cavaliers Tédjirli, dans la plaine de Tchermouk, pour rassurer les soldats découragés. Les Zeïtouniotes voulurent les poursuivre jusqu'à Marache, mais les princes les en empêchèrent, de peur qu'ils ne fussent vaincus dans la plaine par les troupes ; ils se contentèrent de leur victoire et rentrèrent à Zeïtoun. Pendant tout ce grand combat, ils n'avaient perdu que sept personnes, et les princes retinrent l'ardeur du peuple en leur désignant les pertes qu'ils avaient faites déjà quelques jours avant : « Cela suffit, disaient-ils, nous ne pouvons pas épuiser les Turcs en les massacrant, tandis que nous, nous sommes des noix comptées, la perte d'un seul d'entre nous est irréparable. »

Tandis que les Tédjirli attendaient dans la plaine de Tchermouk, Aziz-Pacha fit replier les tentes et tous se mirent à s'enfuir.

Les Zeïtouniotes recueillirent ce jour-là un ample butin : des montres en or, des bagues, de l'argent, des munitions, des provisions, quelques milliers d'armes, un canon et 150 drapeaux. Ils prirent aussi les centaines de chevaux et de mulets que les Turcs avaient amenés pour transporter les femmes de Zeïtoun à Marache.

Pendant ce combat, les Turcs de Zeïtoun, appelés Hadjilar, avaient tout le temps combattu avec les Arméniens contre l'armée ottomane. Un de leurs chefs, Ahmeddjik, se distingua par une grande bravoure : il est passé au rang des héros de Zeïtoun.

Les Turcs avaient perdu en tout 10,000 hommes,

des Circassiens pour la plupart. Les vergers du défilé et les collines où le combat avait eu lieu étaient jonchés de cadavres. La rivière qui passe à l'est de Zeïtoun, devint toute rouge deux heures durant, et les Zeïtouniotes ne burent pas de cette eau pendant deux ans.

Nichan Baldjian, le notable le plus riche de Zeïtoun, fit ramasser les cadavres en payant une piastre par tête et les fit enterrer dans une petite vallée qui porta depuis ce jour historique le nom de *Gheran-Déressi*, vallée de carnage.

Un achough de Zeïtoun a chanté cette victoire dans le célèbre avetch d'Aziz-Pacha. Ce poème contient toute l'histoire du combat, depuis les origines jusqu'aux détails de la fin. On y voit aux commencements Aziz-Pacha menacer le Zeïtoun avec une orgueilleuse fureur :

« J'ai amené de l'Amanus des loups affamés.
A Alep, à Aïntab j'ai trouvé dix mille combattants ;
J'ai déjà envoyé la bonne nouvelle à Stamboul ;
O princes ! je brûlerai le Zeïtoun et vos biens ! »

Mais on arrive bientôt aux chefs arméniens qui disent tous leurs désirs de se battre jusqu'à la mort et leur volonté ferme de défendre à tout prix la Patrie ; le Kaia Mikaël dit que :

« Les prières ne servent à rien,
Une question pareille
Ne se résoud que par les fusils. »

Le prince Yéni-Dunia s'exprime dans la strophe suivante :

« ..... C'est un piège qu'on nous tend ;
Je ne crains pas le combat, je suis d'une famille de guerriers;
Dépêche-toi, Aziz, que je te montre ta mesure !
Je suis entré, épée nue, dans plus d'une bataille ! »

Baldjian parle en ces termes:

« ..... J'ai foi en Dieu !
Je ferai construire des barricades avec de l'or et de l'argent;
Contre vos soldats je lancerai des lions ;
N'est-il pas vrai que j'ai fait enterrer les vôtres à une piastre
[par tête ?

Le poème se termine par la description de la fuite d'Aziz-Pacha.

Le jour du combat, le consul anglais d'Alep était venu à Marache pour avertir les Arméniens que de nouvelles troupes de réguliers étaient en train d'arriver. Cette nouvelle, ainsi que le premier succès d'Aziz-Pacha, encouragèrent les Turcs, qui pensèrent à massacrer les Arméniens de Marache ; mais lorsque l'armée d'Aziz-Pacha rentra décimée et complètement vaincue, une grande panique s'empara des Turcs de la ville, qui se réfugièrent chez

ASVADOUR YÉNI-DUNIA

les Arméniens et implorèrent la protection de ceux qu'ils avaient tout à l'heure l'intention de massacrer. Tout le monde croyait que les Zeïtouniotes allaient arriver d'un moment à l'autre.

Lorsque la nouvelle de la défaite arrriva à Constantinople, Aziz-Pacha fut disgracié et l'on envoya à sa place Achir-Pacha, l'ancien gouverneur de Belgrade. Le gouvernement décida de mettre sur pied une armée de 150,000 soldats, pour anéantir le Zeïtoun.

Les Zeïtouniotes, prévoyant le danger, eurent recours à un moyen habile. Ils composèrent une requête suivie d'un rapport, et le vartabed Krikor Apardian partit avec le prêtre Der Movsès pour Paris. Le Vartabed Garabed Chahnazarian, cet homme érudit et patriote, qui avait déjà fait à Paris plusieurs publications sur l'histoire et la littérature arménienne, se chargea lui-même de présenter la requête des Zeïtouniotes à l'empereur Napoléon III. La France avait alors une très puissante influence en Orient ; depuis l'affaire du Liban, les Turcs la redoutaient et les chrétiens la prenaient pour leur grande protectrice. L'empereur avait envoyé au Sultan un télégramme énergique et presque menaçant, par lequel il lui conseillait d'arrêter la marche de son armée contre Zeïtoun. La Sublime Porte s'empressa de rappeler ses régiments qui s'étaient déjà avancés jusqu'à quatre heures de distance d'Alep.

L'empereur avait aussi l'intention de faire à Zeïtoun ce qu'il avait fait pour le Liban, en lui donnant un régime plus libre et un gouverneur chrétien ; mais cette intention ne fut pas réalisée à cause de la guerre franco-allemande qui éclata peu après.

Le marquis de Moustier, ambassadeur de France à Constantinople, avait reçu de l'empereur l'ordre d'intervenir énergiquement pour l'affaire de Zeïtoun. Le gouvernement turc envoya à Marache une commission, composée de cinq musulmans, qui décida de cesser les hostilités à la condition que les quatre chefs de Zeïtoun seraient décapités. M. de Moustier réussit à faire ajouter deux membres à cette commission et fit tous ses efforts pour empêcher la réalisation de cette première décision. Les princes Asvadour Yéni-Dunia, Nazareth Sourénian, Ghazaros Chorvoïan et Meguerditch Yaghoubian furent appelés à Marache pour donner des explications. Deux Arméniens, Kévork Mouradian et le prêtre Der-Nahabed, avaient été envoyés à Zeïtoun, pour prier les princes d'aller à Marache.

Cette fois, les princes crurent prudent de se rendre à cette invitation, d'autant plus qu'ils se fiaient à la protection de la France ; ils portèrent avec eux le canon et les drapeaux pris à l'ennemi. Le gouvernement, après les avoir gardés pendant deux semaines à Marache, les envoya à Constantinople où ils restèrent trois semaines à la Prison Centrale. Mais grâce à l'intervention du marquis de Moustier, que le Patriarcat des Arméniens catholiques avait averti du piège tendu par le gouvernement aux princes de Zeïtoun, ils sortirent de prison et passèrent trois mois à Constantinople.

Pendant leur séjour dans la capitale turque, les quatre princes furent entourés d'hommages et de sympathie par les Arméniens comme par les européens. L'ambassadeur russe leur avait montré une sollicitude toute spéciale ; il avait eu avec eux plusieurs entrevues et leur avait inspiré toute sorte d'espérances. Un jour de fête, il les invita à la Chapelle de l'Ambassade. Les princes montagnards, par leur costume local, y attirèrent l'attention de tout le monde et surtout celle du Grand-Vizir qui était présent. La Sublime Porte vit un danger dans la présence de ces princes à Constantinople et le lendemain même les expédia à Zeïtoun.

XV

La chute des Avchars. — Hostilité avec les Circassiens et réconciliation. — La chute des Cozan-Oghlou. — L'entrée du gouvernement ottoman a Zeïtoun.

Après la bataille d'Aziz-Pacha, le district de Zeïtoun ne s'apaisa pas complètement et resta pendant trois ans en état de siège. Le gouvernement emprisonnait et torturait les Zeïtouniotes qui se rendaient à Marache, à tel point qu'ils furent obligés d'envoyer leurs paysans turcs pour faire des achats. Les Zeïtouniotes, en revanche, poursuivaient les Turcs rencontrés sur leurs chemins et empêchaient les gendarmes du gouvernement d'entrer à Zeïtoun ; c'est pour cela qu'ils empêchèrent le célèbre arméniste français Victor

Langlois d'entrer à Zeïtoun, parce que celui-ci était accompagné d'une escorte; seulement sur la prière du savant, ils lui offrirent, comme souvenir, un pistolet et un couteau.

Le gouvernement, désespérant de pouvoir établir les Circassiens à Zeïtoun, les dirigea sur les Turcomans Avchars, qui avaient été jusque-là une tribu rebelle, mais qui, ayant accepté d'aller au secours d'Aziz-Pacha pour subjuguer le Zeïtoun, avaient été affaiblis dans ce combat funeste. Ismaïl-Pacha marcha sur eux du côté de Sivas et les Circassiens se dirigèrent du côté du sud; les Avchars, après une faible résistance, se soumirent volontairement et livrèrent aux Circassiens leur beau et fertile pays. Ceux-ci y fondèrent une ville, qu'ils appelèrent *Azizié* du nom du sultan Aziz, et dont ils firent plus tard leur capitale; ils fondèrent également plusieurs villages dans le pays des Avchars, qui est connu maintenant sous le nom d'*Ouzoun-Yaïla*.

Les Circassiens devinrent de plus en plus puissants; le Sultan Aziz qui avait pris pour épouse une circassienne, les protégeait particulièrement; ils eurent une assez grande influence sur les ministres et les hauts fonctionnaires du gouvernement, dont ils gagnaient le cœur et les faveurs en envoyant leurs vierges superbes dans leurs harems. Avec les femmes, les hommes aussi trouvèrent de l'accès dans les palais et dans toutes les grandes maisons, et peu à peu se mirent à jouer un rôle très important dans les affaires politiques du pays. Les Circassiens ont formulé un proverbe qu'ils répètent avec une orgueilleuse effronterie : « Nous avons construit en Turquie des forteresses avec les cuisses de nos filles, et ces forteresses nous ont rendus invincibles. »

De la sorte Zeïtoun perdit du côté du nord le rempart que formait pour lui l'existence de la tribu rebelle des Avchars, et il eut en revanche, à la même place, un ennemi puissant et acharné contre lui.

De 1862 jusqu'à 1865, les Zeïtouniotes eurent des luttes perpétuelles avec les Circassiens. C'étaient ceux-ci qui avaient commencé ; pour se venger des pertes subies dans la grande bataille, ils attaquèrent et pillèrent près de Goguisson une caravane de Zeïtouniotes. Dès ce jour, les Zeïtouniotes se mirent à tuer et à piller tous les Circassiens qu'ils rencontraient sur les chemins ; dans l'espace de trois années, plus de 500 Circassiens avaient ainsi disparu ; les Circassiens à leur tour faisaient la même chose aux Zeïtouniotes, lorsqu'ils les trouvaient seuls ou faibles ; ils attaquaient parfois les villages voisins de Fournous. Le supérieur du couvent Sourp-Garabed de Fournous, l'évêque Nicolaïos, que les Turcs avaient nommé l'*évêque fou*, réussit plusieurs fois à les chasser tout seul ; pour empêcher leur invasion, c'est lui qui fonda en 1864, le village arménien de Tékir sur le passage qui porte le même nom.

Les Circassiens se rendirent compte à quel point les Zeïtouniotes étaient pour eux de redoutables voisins ; ils les proclamèrent *igid*, c'est-à-dire braves. Un voyageur français, M. Léon Paul, qui a visité le Zeïtoun en 1864 et qui a parlé avec une grande sympathie des montagnards du Zeïtoun, a remarqué lui-même combien les Circassiens évitaient en ce temps-là de rencontrer les Zeïtouniotes.

Léon Paul a trouvé à Zeïtoun un accueil très cordial. Les Zeïtouniotes reçurent ce représentant de la France avec les honneurs militaires et avec des coups de feu d'enthousiasme. « Je regrette, écrit il, de ne pouvoir donner qu'une bien pâle idée de notre réception. J'entends encore à l'heure qu'il est l'écho de la montagne, répercutant les coups du feu tirés en notre honneur avec un roulement semblable à celui du tonnerre. Mon seul regret, avant de m'endormir, est de ne pouvoir dessiner quelques-uns des sites qui nous ont charmés. »

En été 1865, les chefs circassiens voulurent en finir avec ce désastreux état de choses; ils envoyèrent des délégués et des présents aux princes de Zeïtoun, en les invitant à faire un pacte d'alliance avec eux.

Les princes arméniens acceptèrent cette proposition avec plaisir, et, prenant avec eux une dizaine de notables et trente combattants, se rendirent au village turc de Cabak-Tépé de la commune d'Alicher; le supérieur du couvent de Fournous, l'évêque Nicolaïos, les accompagnait.

Vingt et un beks circassiens, entourés de trois cents cavaliers, s'étaient réunis sous la présidence du célèbre chef Méhemmed-Bek. Les Circassiens eurent tout d'abord un mouvement de méfiance en voyant l'arrivée des Arméniens, ils eurent peur de les approcher, malgré qu'ils fussent en grand nombre. L'entrevue fut ainsi ajournée pendant trois jours; les représentants des deux communautés se guettaient sans oser s'approcher pour délibérer. L'évêque Nicolaïos, impatienté, s'avança tout seul, et invita de loin Méhemmed-Bek qui se rendit à cette invitation, accompagné de trois autres chefs. Alors, il les harangua en ces termes :

— « Pourquoi craignez-vous de nous approcher, vous qui, ordinairement, vous croyez les maîtres du monde ? Vous donnez le titre de bek au dernier d'entre vous et vous croyez que votre qualité de musulman vous rend supérieurs aux chrétiens et vous donne le droit de les dominer. Sachez donc que nous sommes les maîtres, les beks et les rois de ces monts, et que nous avons acheté cet honneur avec notre épée et notre sang. Si vous êtes des hommes et si vous êtes braves, avancez et sachez respecter les droits des braves. »

Les Circassiens, remplis d'admiration par ces fières paroles de l'évêque arménien, s'approchèrent complètement rassurés, et commencèrent la délibération ; en deux jours, les conditions de l'alliance furent fixées et le traité fut signé par les chefs des deux côtés.

Les conditions étaient les suivantes :

1° Les Zeïtouniotes et les Circassiens sont désormais des amis et des voisins fidèles.

2° Les Zeïtouniotes et les Circassiens ne se combattront plus et ne se pilleront plus.

3° Les Zeïtouniotes et les Circassiens pourront aller et venir en toute sécurité dans leurs pays réciproques et feront entre eux le commerce d'une manière amicale.

4° Si un Circassien pille un Zeïtouniote, le coupable sera puni par les chefs circassiens et les objets seront restitués à leurs maîtres.

5° Si un Zeïtouniote pille un Circassien, il sera puni par les princes de Zeïtoun et les objets seront restitués à leurs maîtres.

Zeïtouniotes et Circassiens fêtèrent pendant deux jours l'heureuse réussite de cette alliance. Depuis ce jour, durant trente ans, les deux peuples voisins respectèrent leur traité et restèrent amis.

Mais en gagnant cette nouvelle amitié, le Zeïtoun en perdit une autre, celle des Cozan-Oghlou.

En 1865, Dervich-Pacha arriva de Constantinople avec une grande armée et soumit les Rahanli et les Djélikanli rebelles. Il accorda aux Circassiens le droit d'occuper leurs pâturages du

Taurus; puis il se dirigea sur les Cozan-Oghlou, au même moment où Ismaïl-Pacha marchait sur eux du côté du nord. Les notables arméniens de Hadjin, qui avaient été souvent persécutés par les chefs de cette tribu turcomane, aidèrent avec leurs les *seymen* soldats d'Ismaïl-Pacha à les écraser. Les chefs Cozan-Oghlou se rendirent sans résister. Les beks turcomans de Païas et de l'Amanus suivirent leur exemple.

Ainsi, en 1865, toutes les tribus rebelles qui environnaient le Zeïtoun se soumirent au gouvernement turc; le Zeïtoun restait seul; et cela facilita au gouvernement de le plier aussi sous son joug.

En 1865, le gouvernement construisit, pour la première fois, en face de Zeïtoun, au bord de la rivière de l'est, une mosquée et un palais où s'établit un gouverneur turc avec un major. L'administration intérieure resta toujours aux mains des princes de Zeïtoun, mais ceux-ci furent obligés d'accepter de payer un impôt au gouvernement.

XVI

L'INSURRECTION DE BABIG-PACHA YÉNI-DUNIA.

Le gouvernement turc, une fois entré à Zeïtoun, voulut obtenir définitivement par la ruse ce qu'il n'avait pu avoir par la force. Il s'efforça de transformer les mœurs et les coutumes du district, de détruire l'autorité des princes, pour arriver à supprimer l'esprit de discipline dans le peuple.

Dans ce but, le gouvernement se mit à honorer et à protéger des hommes insignifiants, plutôt les gens intéressés que les braves. Ceux-là devinrent en quelque sorte les espions du gouvernement. De la sorte, l'influence des princes de Zeïtoun diminua, des discordes éclatèrent dans le peuple.

D'autre part, une pression économique commença à peser sur le paysan arménien. La vie était devenue dure pour les Zeïtouniotes que les gouverneurs turcs opprimaient et exploitaient maintenant. Cet état de choses devint si insupportable, qu'au bout de quelques années les Zeïtouniotes s'insurgèrent contre le gouvernement pour se débarrasser de son joug.

Le Caïmacam (gouverneur), qui se trouvait en ce moment à Zeïtoun, s'appelait Davoud Niazi. Cet homme était détesté par les Zeïtouniotes pour sa conduite tyrannique. Un soir, il tua, après l'avoir longtemps torturé, son domestique arménien, qu'il avait voulu violer. Cet incident excita l'indignation et le dégoût dans l'âme des Zeïtouniotes, qui, ne pouvant plus se tenir, attaquèrent (le 15 juin 1876) le palais du gouverneur et la mosquée et les brûlèrent ; celui qui dirigeait cette fois les insurgés Zeïtouniotes, c'était le prince Babig Yéni-Dunia.

Ce prince était tellement aimé par les insurgés pour son habileté et sa bravoure qu'ils lui donnèrent le titre de *pacha*. C'était un homme de haute taille, solidement bâti et d'une mâle beauté ; il était d'une nature généreuse, impartiale et sévère; profondément désintéressé, il perdit toute sa fortune dans cette noble entreprise d'insurrection qu'il dirigea. Les Zeïtouniotes le considérèrent comme un commandant modèle.

Babig-Pacha enferma le gouverneur et le juge pendant trois jours dans un sac d'ordures, en punition du crime odieux d'avoir voulu souiller un jeune Zeïtouniote; puis tous deux furent chassés à Marache, au milieu des huées du peuple, et le Zeïtoun se proclama encore une fois indépendant. La guerre russo-turque venait d'éclater en ce moment, le gouvernement turc était occupé avec son grand ennemi. Il fut obligé d'attendre un moment plus propice pour soumettre le Zeïtoun. Seulement, les Turcs de Marache et des environs furent affranchis de l'obligation d'aller se battre contre les Russes parce qu'ils avaient présenté une pétition à la Sublime-Porte en disant : « Nos Russes sont ici tout près. » Ils reçurent l'ordre d'assiéger le district de Zeïtoun.

L'hiver était arrivé, et les Zeïtouniotes souffraient du manque de provisions; le gouvernement leur proposa de se soumettre; Babig-Pacha, à la tête de trois cents combattants, répondit à cette proposition par une invasion nouvelle. En plein décembre, ils traversèrent les montagnes où s'élevaient deux mètres de neige, attaquèrent les villages turcs Tanour, Deunghel, Kurtul et Nédirli, les incendièrent et pillèrent, et ils en apportèrent à Zeïtoun des provisions en abondance.

Les Turcs de Marache tombèrent encore une fois dans une grande épouvante. Babig-Pacha menaçait d'occuper et d'incendier cette ville où se concentrait la richesse de tout le pays et qui était le grand et perpétuel danger pour Zeïtoun. Les autorités locales n'avaient pas en ce moment assez de forces militaires pour défendre la ville: elles firent appel à toutes les tribus musulmanes pour marcher contre Zeïtoun, qu'elles pressentaient comme un grand ennemi de la religion.

Aucune des tribus ne répondit à l'appel du gouvernement. Les Turcs ayant été vaincus dans leur campagne avec les Russes, les musulmans étaient partout découragés, en croyant que la fin de l'Islam était arrivé. Des milliers de mères turques maudissaient le Sultan comme la cause de leur malheur. Des bandes de brigands turcomans, des soldats fuyards se réfugiaient dans des positions fortifiées du Taurus.

Seuls d'entre toutes ces tribus turcomanes, les Bozdoghan, conduits par leur chef Boïraz-Oghlou, se rendirent à l'appel du gouvernement; mais au lieu de marcher contre le Zeïtoun, ils allèrent s'établir dans la plaine de Gaban.

Ces musulmans, loin de défendre leur religion, se mirent à opprimer non seulement les paysans arméniens, mais les paysans turcs aussi; ils ravagèrent leurs plantations en y lâchant leurs chevaux et leurs bestiaux. Les maires des villages turcs, voyant que le gouvernement, loin de les protéger, leur avait envoyé un nouveau fléau, se virent obligés de s'adresser aux Arméniens. Les Turcs et les Arméniens de Gaban signèrent ensemble une pétition et l'envoyèrent avec des présents à Babig-Pacha; dans cette pétition, ils reconnaissaient le prince de Zeïtoun comme le maitre absolu de leur pays et imploraient sa protection contre Boïraz-Oghlou.

Babig-Pacha accepta la proposition qui lui fut faite, et prenant avec lui soixante-douze de ses meilleurs combattants, il marcha contre les Bozdoghan.

Vers le matin, ils attaquèrent les ennemis. Babig-Pacha s'avançait du côté de la plaine, avec douze cavaliers, vingt-deux fantassins descendaient des montagnes derrière l'ennemi; les autres s'étaient mis à l'affût aux flancs de la montagne. Boïraz-Oghlou, voyant le petit nombre des Zéïtouniotes, s'avança avec dédain vers Babig-Pacha, accompagné de ses cavaliers; ses fantassins s'élancèrent vers les fantassins arméniens.

Un combat acharné commença. L'arrangement stratégique du prince arménien était tellement ingénieux que les ennemis furent bientôt écrasés, malgré leur nombre considérable. Babig tua du premier coup Boïraz-Oghlou; une dizaine de cavaliers tombèrent en même temps, les fantassins arméniens tuèrent un grand nombre de leurs ennemis. Les autres, en voyant que leur chef était frappé, se mirent à fuir; les Zéïtouniotes les poursuivirent longtemps, puis ils retournèrent victorieux à Zeïtoun, prenant avec eux les chevaux, les bestiaux et tous les objets que les ennemis avaient laissés en s'enfuyant.

Cet événement répandit l'effroi dans les environs de Zeïtoun; le gouvernement lui-même en devint très inquiet; mais de nouveaux désordres ayant éclaté en même temps, il ne put encore trouver assez de force pour soumettre le Zeïtoun.

Un de ces désordres, c'était le soulèvement des Cozan-Oghlou, qui voulaient imiter l'exemple des Zeïtouniotes.

Le fils de Youssouf-Agha Cozan-Oghlou, Ali-Bek, qui se trouvait exilé à Constantinople, obtint du sultan Hamid la permission de se rendre à Konia. Il avait réussi à s'enfuir de là à Césarée, et, réunissant autour de lui quelques centaines de brigands et de déserteurs, il vint à Sis, chassa le mutessarif (sous-gouverneur général), et le remplaça par un de ses amis. Les Turcomans de Sis et des environs firent un accueil cordial à leur chef de tribu. Ali-Bek s'empara de Vahga et de Hadjin. Puis il assembla 25,000 bachi-bozouks, et forma une armée. Il avait amené de Constantinople, avec lui, le trésorier du sultan, qu'il nomma grand vizir, et il donna le titre de cheik-ul-islam à un turc de Sarkhand, du nom de Carafakhi-Oghlou.

Cet événement troubla profondément le gouvernement turc. Bientôt toutes les tribus de la Cilicie se seraient unies aux Cozan-Oghlou, et un Etat se serait formé dans l'Etat. Le gouvernement oublia le Zeïtoun un moment et s'occupa de l'ennemi nouveau qui allait jusqu'à la prétention de s'emparer du Califat. A Marache, le gouvernement avait déjà assemblé 7,000 réservistes pour envoyer contre les Cozan-Oghlou.

Les Zeïtouniotes étaient tous disposés à assister les Cozan-Oghlou ; malheureusement, il se trouva parmi eux un traître, le prêtre Der-Garabed Ergaïnian, qui mit toute sa ruse à la disposition du gouvernement turc. Les princes de Zeïtoun, ceux qui avaient vaillamment combattu contre Aziz-Pacha, étaient morts déjà, et leurs fils, jeunes encore et neutralisés par la pression du gouvernement, n'avaient pu avoir l'influence de leurs pères sur le peuple. Seule la famille Yéni-Dunia continuait à conserver son influence avec Babig-Pacha ; c'est pour cela qu'un homme comme Der-Garabad, soutenu par le gouvernement et devenu son instrument, avait réussi à avoir une puissance active à Zeïtoun. Der-Garabed alla en secret conseiller aux autorités de Marache de marcher sur Zeïtoun avant d'aller soumettre les Cozan-Oghlou.

Pendant l'été de 1877, plusieurs régiments de soldats vinrent camper en face de Zeïtoun, sur les collines. Ils étaient conduits par sept pachas. Ceux-ci proposèrent aux Zeïtouniotes de se rendre. Le peuple s'y opposait. Babig-Pacha, prenant avec lui ses soixante-douze combattants, se retira dans les cavernes, aux flancs du mont Berzenga, prêt à défendre son indépendance jusqu'à la mort.

Après quelques semaines, l'évêque Nicolaïos de Fournous forma un *seymen* de cinq cents combattants arméniens des villages environnants et se dirigea sur les soldats turcs.

Ce *seymen* manquait de munitions ; il campa sur les collines d'Ané-Tsor. Il attendait de la poudre et des balles de Zeïtoun. Mais le traître Der-Garabed réussit encore à empêcher ses compatriotes d'envoyer des secours aux insurgés. Au matin, les soldats turcs attaquèrent les Arméniens qui se défendirent autant qu'il leur était possible. Mais lorsque les munitions manquèrent complètement, ils se mirent à fuir. Babig-Pacha, ayant appris que ces quelques centaines de compatriotes étaient en danger d'être massacrés, courut avec ses braves à leur secours, commença un combat acharné avec les soldats, ce qui permit aux autres de trouver le temps de s'enfuir.

Cependant, le prêtre Der-Garabed, assisté d'un groupe d'Arméniens vendus au gouvernement, continuait à Zeïtoun son œuvre de démoralisation.

Une partie du peuple voulait déjà se soumettre, d'autant plus que les amis du gouvernement avaient répandu l'effroi parmi la population, en décrivant les ravages immenses commis par les fusils Martini, dont les soldats turcs étaient armés cette fois. Babig-Pacha, toujours décidé à résister, se retira encore avec ses combattants dans la montagne du Bérid. Le gouvernement envoya sur eux quelques milliers de bachi-bozouks, mais ils retournèrent, après quelques semaines d'errement par les montagnes, sans avoir réussi à trouver les insurgés.

Si les soldats n'avaient pas su s'emparer des rebelles, disparus dans les montagnes, ils avaient pu cependant se rendre maîtres de Zeïtoun. Les sept pachas firent reconstruire le palais où ils réinstallèrent un gouverneur et un major et prenant avec eux trois cents Zeïtouniotes comme prisonniers, parmi lesquels se trouvaient l'évêque Nicolaïos et la famille de Babig-Pacha, rentrèrent à Alep, et ils envoyèrent leurs soldats sur les Cozan-Oghlou.

Babig-Pacha, lorsqu'il apprit que les soldats étaient partis, redescendit à Zeïtoun et s'empara du couvent. Il rappela tous les insurgés qui s'étaient dispersés. Les notables de Zeïtoun et le gouverneur turc le suppliaient de rester tranquille pour ne pas mettre en danger la vie de trois cents prisonniers zeïtouniotes et le gouverneur promit qu'il ferait tout son possible pour obtenir leur délivrance. Babig-Pacha resta tranquille pendant l'hiver.

Mais au printemps de 1878, pendant le Carême, une nouvelle agitation éclata à Zeïtoun ; 150 émigrés circassiens qui venaient d'arriver de Bulgarie, avaient reçu l'ordre de Veïssi-Pacha, gouverneur de Marache, d'aller à Zeïtoun pour réprimer les combattants de Babig-Pacha. Le jour même où ils arrivèrent à Zeïtoun, Babig-Pacha les attaqua avec ses combattants; après une heure de combat, il les obligea à se rendre. Ils livrèrent les armes, après quoi Babig-Pacha les fit tous égorger par ses hommes; puis il incendia le palais du gouvernement. Il livra le gouverneur et le major aux autorités de Marache à la condition qu'on lui rendrait ses deux mulets favoris, que les pachas avaient enlevés.

A la suite de ces combats héroïques de Babig-Pacha, un achough zeïtouniote composa un poème en l'honneur du vaillant révolté; ce poème est l'un des plus aimés à Zeïtoun ; en voici quelques strophes :

> Veïssi-Pacha dit : je veux aller à Zeïtoun,
> Je détruirai la ville, je pillerai les biens,
> Je demeurerai quelque temps dans le beau couvent,
> Je brûlerai votre Zeïtoun ; ô Princes !

> Babig-Pacha dit : Retiens mon nom,
> J'ai fourré ton juge dans un sac d'ordures,
> Je puis détruire le nom même de l'Islam à Marache ;
> Je brûlerai votre Marache avec vos biens, ô Princes !

Malgré le ton fier de cette chanson, le Zeïtoun n'avait pas pu assurer complètement son indépendance. Le gouvernement continua à exécuter son projet destructeur ; mais cette fois, il eut recours à la ruse et à la trahison. Le Sultan envoya une commission à Zeïtoun sous le prétexte d'exécuter les réformes promises selon l'article 61 du Traité de Berlin ; cette commission était formée des trois pachas, Saïd, Kiamil et Mazhar, du consul anglais d'Alep, du colonel Chermside, et d'un fonctionnaire arménien de Constantinople, Ohannès Nourian.

Au lieu d'exécuter des réformes, cette commission tendit un piège mortel au Zeïtoun : elle persuada les Zeïtouniotes de se soumettre complètement pour que les réformes soient exécutées en toute tranquillité; les Zeïtouniotes, se fiant surtout aux promesses du consul anglais et aux paroles persuasives de leur perfide compatriote Nourian, acceptèrent les conditions du gouvernement, livrèrent mille fusils et consentirent même, après s'y être longtemps opposés, à la construction d'une caserne à Zeïtoun.

Les Turcs commencèrent immédiatement à construire la funeste caserne, sur la haute colline dominant le Zeïtoun, en 1878-1879. Le Catholicos Meguerditch de Sis, qui avait rejoint la commission à Zeïtoun, fut obligé de poser lui-même la première pierre de la caserne; on raconte qu'en s'acquittant de cette charge, il avait les yeux remplis de larmes et qu'il murmurait aux Arméniens qui se trouvaient près de lui : « Mes enfants, je pose moi-même la première pierre de cette caserne pour qu'un jour elle soit à vous. »

La caserne avait cinquante mètres de longueur et trente de largeur; elle avait l'air d'une forteresse; elle se composait de deux étages; elle pouvait contenir jusqu'à 2,000 soldats; elle avait un hôpital, une pharmacie, un bain, un four et des boutiques. Les murs étaient d'une épaisseur d'un mètre et demi ; il y avait deux portes, l'une du côté du sud, portant le nom de Marache-Capoussi (Porte de Marache), l'autre du côté de l'ouest portant le nom de Zeïtoun-Capoussi (Porte de Zeïtoun). Outre les fenêtres et les ouvertures de canon, il y avait sur les murs, 450 trous pour fusils, qui en grande partie se trouvaient du côté de Zeïtoun. A l'intérieur, il y avait une cour carrée, au milieu de laquelle se trouvait un beau bassin, ombragé de saules et dont l'eau arrivait des sources des collines se trouvant à une demi-heure de distance de la caserne.

Mais même après la construction de la caserne, le gouvernement ne comptait pas encore avoir définitivement assujetti le Zeïtoun. Babig-Pacha retiré dans le couvent avec ses combattants, continuait encore à ne pas vouloir se soumettre au gouvernement. Le consul anglais était allé plusieurs fois pour le persuader de se rendre à la caserne et de se soumettre au gouvernement. Babig s'y était toujours refusé. Mais à la fin, lorsqu'il apprit que ses alliés, les Cozan-Oghlou s'étaient déjà rendus, et lorsqu'il vit que le Catholicos lui-même qui jusque-là lui avait conseillé de résister, commençait à se décourager, Babig comprit qu'il ne restait plus aucune espérance, et consentit à se soumettre à la condition que Saïd-Pacha irait le voir au couvent et que lui se présenterait avec ses armes.

Saïd-Pacha accepta la condition, et se rendit au couvent. Lorsqu'il vit l'héroïque prince arménien, il fut saisi d'admiration devant sa taille gigantesque et sa figure intrépide, et il s'écria : « En effet, tu es un brave et tu mérites d'être nommé pacha. » Lorsque Saïd lui demanda pourquoi il s'était insurgé, Babig lui répondit : « J'ai rempli mon devoir traditionnel ; j'ai défendu le peuple opprimé, je suis né libre et je n'ai pas voulu devenir un esclave. »

Le Sultan amnistia Babig-Pacha, fit retourner toute sa famille de l'exil et lui accorda la fonction de chef de la municipalité de Zeïtoun.

XVII

LE CONFLIT D'ALABACHE. — L'INCENDIE DE ZEÏ-
TOUN. — LE CONFLIT D'OK-KAÏA. — LA MORT
DE BABIG-PACHA.

Le gouvernement turc recommença au bout de quelques années à opprimer le Zeïtoun ; c'était plutôt une oppression économique ; les impôts étaient très lourds, et la manière de les lever était arbitraire. Les Zeïtouniotes subissaient ce joug intolérable la rage au cœur, mais rendus incapables de résister par l'existence de la caserne.

Mais la révolte ne tarda pas à éclater. Les Turcs étaient allés à l'époque des moissons lever les impôts à Alabache. Un sergent avait battu et insulté un pauvre paysan, qui, n'ayant pas d'argent, proposait de payer après les moissons. Le fils du maire d'Alabache, Assadour, indigné, se jette sur le sergent, le terrasse et le bat jusqu'au sang.

Le lendemain (6 juillet 1884), 150 soldats tombent sur le fils du maire qui travaillait dans son champ avec six compagnons. Au lieu de se rendre, le petit groupe se défend, un sergent et cinq soldats sont tués ; les autres s'enfuient, ne voulant pas risquer leur vie et se réfugient dans une chaumière. Les Arméniens d'Alabache se réunirent autour de cette chaumière et voulaient l'incendier, mais les notables de Zeïtoun, ayant appris l'incident, vinrent à Alabache et empêchèrent les Arméniens de brûler les soldats.

Le gouverneur de Marache, Dédé-Pacha, homme paisible et bon, se rendit à Zeïtoun pour faire une enquête et pour punir les coupables. Mais comprenant bien que cette question pouvait avoir des suites graves, il accorda le pardon aux paysans d'Alabache et rétablit ainsi la paix.

Quelque temps après, les Zeïtouniotes furent éprouvés par un malheur plus important. Le 22 septembre 1884, une main inconnue mit le feu aux maisons du quartier de Boz-Baïr et une grande partie de Zeïtoun fut détruite dans cet incendie; le peuple tomba dans la misère. Déjà l'année précédente une main mystérieuse avait également mis le feu à Hadjin, où 2,500 maisons et le marché tout entier avaient brûlé. Vers la même époque, deux grands incendies éclatèrent à Marache où les quartiers arméniens et le marché furent réduits en cendres.

Après l'incendie, le gouvernement fit tous ses efforts pour disperser les Arméniens de Hadjin et de Zeïtoun dans les plaines environnantes; mais les montagnards s'obstinèrent à rester toujours sur leurs hauteurs. Les deux villes incendiées furent reconstruites au moyen des secours envoyés d'Europe et d'Amérique, mais les habitants restèrent toujours dans la misère, forcés souvent de vendre même leurs armes pour trouver du pain. Le gouvernement, profitant de cet affaiblissement des montagnards arméniens, redoubla les impôts et les persécutions.

Le 21 septembre 1886, un conflit eut lieu à Zeïtoun. Le gouvernement, ce jour-là, avait pris aux Zeïtouniotes leurs mulets et leurs chevaux pour les faire servir au transport des soldats et des vivres. Les gens de Boz-Baïr, excités par cet acte, se jetèrent sur les soldats au moment où ils passaient par la gorge d'Ok-Kaïa, montés sur leurs mulets. Un combat commença qui dura pendant quatre heures. Sept soldats furent tués et les autres s'enfuirent à la caserne, laissant les mulets.

Ce groupe arménien était conduit par Panos Cham-Kéchichian ; celui-ci prit les mulets et se retira avec ses compagnons dans les montagnes, où il resta pendant un mois. Dédé-Pacha revint à Zeïtoun, mais cette fois encore, pour éviter une révolte générale, il pardonna aux insurgés et leur distribua même de l'argent.

Pendant tout ce temps-là, Babig-Pacha vivait retiré ; à la fin, dégoûté de la conduite du gouvernement, il démissionna et se remit à préparer un mouvement de révolte. Le gouvernement en fut averti et voulut se débarrasser de cet homme dangereux. A la fête du mariage de Ferzi-Bek, vice-gouverneur de Goguisson, Babig-Pacha fut empoisonné et mourut au bout de deux mois. Les Zeïtouniotes l'enterrèrent avec de grands honneurs dans le couvent de Sourp-Asdvadsadsine. Une simple pierre sert de tombe à sa sépulture ; mais cette pierre est devenue pour les Zeïtouniotes un lieu de pèlerinage.

XVIII

LES SIRAGAN. — LES DERNIERS ÉVÉNEMENTS.

Depuis 1885, à Zeïtoun et aux environs une société s'était formée qui portait le nom de Société des *Siragan* (ceux qui aiment). Les chefs en étaient le prêtre Der-Ghevonte Djénanian, la jeune Elizabeth de Yarpouz, et l'un des principaux apôtres, Sarkis, le bedeau zeïtouniote. A Hadjin, son représentant fut une femme, Mme Sara. Cette société prêchait l'union et la fraternité. Le mouvement, qui était restreint tout d'abord, alla en s'élargissant, s'étendit dans toutes les villes et surtout dans les villages de la Cilicie. Les apôtres, par la douceur de leurs mœurs et par l'éloquence de leurs paroles, gagnaient un grand nombre d'adeptes, surtout des femmes, à leurs idées.

Les membres de cette société s'en allaient par bandes pendant le jour ou la nuit hors des villes et des villages pour chanter et prier dans la solitude des champs. Ils étaient extrêmement dévoués et très tolérants les uns envers les autres ; cette société avait aussi des membres parmi les Turcomans, les Kurdes et les Circassiens ; c'était une espèce d'armée du Salut, plutôt humanitaire que religieuse.

Les membres de la société tâchaient de mettre en pratique leurs idées de fraternité en unissant les intérêts de tous. Ils voulaient vivre d'une vie commune ; à quelques endroits ils avaient déjà réuni leurs mulets et formé des caravanes publiques ; ils cultivaient ensemble les terres appartenant à tous. Les habitants de quinze maisons de Zeïtoun et d'Alabache s'étaient établis dans le couvent de Sourp-Perguitch et mangeaient à une table commune ; ils furent, plus tard, poursuivis par le gouvernement et tombèrent dans la misère.

Le gouvernement poursuivit non seulement les membres paisibles de cette société, mais aussi tous les habitants de Zeïtoun et des environs. La question arménienne était en ce moment agitée en Europe et à Constantinople ; le gouvernement turc croyait voir partout des comités révolutionnaires. Les Turcs Hadjilar de Zeïtoun, qui avaient jusque-là vécu en frères avec les Arméniens, furent excités et achetés par le gouvernement pour espionner leurs compatriotes arméniens. Ils étaient protégés à outrance par le gouvernement aux dépens des Arméniens.

Les mêmes persécutions avaient lieu à Hadjin. Le gouvernement emprisonna ou exila un grand nombre des *Siragan* comme des révolutionnaires ; parmi ceux-ci se trouvait Mme Sara, qui fut condamnée à trois ans d'exil à Saint-Jean-d'Acre.

Le 2 juin 1890, le gouverneur de Marache, Salih-Pacha, se rendit à Zeïtoun pour faire une enquête au couvent de Sourp-Perguitch que les Siragan étaient en train de reconstruire pour y habiter. Le pacha ordonna à ses gens de démolir le couvent en alléguant que les Arméniens voulaient construire une forteresse ; puis, pour détruire la génération future de Zeïtoun, le pacha fit mettre à l'œuvre un projet infernal : comme en ce moment il y avait à Zeïtoun une épidémie de petite vérole, un médecin que le pacha avait amené de Marache injecta du poison à quatre cents jeunes garçons sous le prétexte de les vacciner ; tous les quatre cents moururent le lendemain.

Quelques jours plus tard, un gendarme du nom d'Osman, ayant voulu violer la jeune Elizabeth au moment où celle-ci se rendait au couvent de Fournous, les Arméniens de Boz-Baïr guettèrent une nuit le gendarme et le tuèrent.

Salih-Pacha demanda les coupables aux princes de Zeïtoun ; ceux-ci se déclarèrent incapables de les arrêter. Le 6 octobre, les insurgés s'étaient réunis dans l'église Sourp-Ohannès de Boz-Baïr. Salih-Pacha envoya un bataillon à Zeïtoun pour les arrêter ; les insurgés tirèrent sur les soldats et les repoussèrent jusqu'à la caserne; en même temps les insurgés chassèrent de Zeïtoun les soldats qui s'y trouvaient. Un combat commença qui dura trois heures. Les insurgés s'emparèrent du palais gouvernemental, et leur chef Panos Cham-Kéchichian, qui s'était installé dans le fauteuil du gouverneur, répondit aux notables arméniens envoyés par le gouvernement pour l'en faire sortir : « Je ne quitte pas ce fauteuil ; je l'ai occupé par l'épée, je ne le quitterai qu'à coups d'épée. »

Salih-Pacha appela quelques milliers de réservistes pour assiéger le Zeïtoun. Les insurgés restèrent seuls ; le peuple ne s'associa pas à eux ; la bande se retira dans les montagnes. Les soldats entrèrent facilement à Zeïtoun, arrêtèrent une cinquantaine d'Arméniens, parmi lesquels se trouvaient les évêques Nicolaïos et Garabed, et les exilèrent à Alep.

Les insurgés ne se rendirent pas ; ils s'étaient réfugiés dans la forteresse de Gurédine. Un bataillon fût envoyé pour les assiéger, mais trouvant de la part des insurgés une puissante résistance, les soldats s'enfuirent à Zeïtoun. Le gouvernement prit encore une fois le parti de pardonner aux insurgés ; mais il continua à déployer tous ses efforts pour détruire le Zeïtoun.

En 1893, arrivèrent à Zeïtoun un major et un juge fanatique de Damas, Hadji-Suleïman Effendi, qui était l'ami intime d'Izzet-Bey, le conseiller du Sultan ; ces deux hommes poussèrent les persécutions à leur dernières extrémités ; les paysans arméniens s'étaient dépouillés complètement pour payer les impôts ; une immense misère régnait dans les villages arméniens ; le juge répétait partout : « C'est à moi qu'est destinée la tâche de la destruction de Zeïtoun. »

Non content de pressurer les paysans arméniens, ces représentants voulurent aussi les blesser dans leurs sentiments les plus intimes ; ils emmenèrent de Marache une Arménienne, l'installèrent dans une maison du quartier de Boz-Baïr et permirent aux soldats de s'en servir comme d'une prostituée. Les Zeïtouniotes qui n'ont jamais supporté qu'une Arménienne se prostitue à des Turcs, démolirent cette maison et chassèrent la femme de leur ville, au mois d'avril 1895.

Le juge et le major voulurent arrêter quarante des notables de Boz-Baïr pour les exiler ; ceux-ci prirent leurs armes et envoyèrent cette réponse : « Cette fois, notre prison, ce sera la montagne. » Le major et le juge télégraphièrent au Sultan que les Zeïtouniotes s'étaient insurgés. Le Sultan communiqua cette dépêche au gouverneur général d'Alep ; celui-ci envoya le gouverneur de Marache à Zeïtoun pour apaiser le trouble ; le gouverneur pardonna aux insurgés et rétablit la tranquillité.

La douceur de la conduite du gouverneur dissimulait des desseins perfides. C'était à l'époque où l'Angleterre, à la suite des massacres de Sassoun, présentait, d'accord avec la France et la Russie, un projet de réformes au Sultan ; dans toute la Turquie, des ordres secrets furent communiqués, et tous les fonctionnaires s'assemblèrent partout pour délibérer en cachette. La même chose eut lieu à Zeïtoun, pendant que le gouverneur de Marache s'y trouvait.

Des gendarmes furent envoyés partout, et des chefs de tribu, des maires et des mollahs furent appelés au centre du district pour y tenir un conseil. Cette assemblée, dont le but restait mystérieux, dura deux jours.

Après cette assemblée, les Turcs changèrent complètement de conduite ; ils feignirent d'adopter une attitude très amicale avec les Arméniens, tout en tramant en secret des projets noirs.

DEUXIÈME PARTIE

LA GRANDE INSURRECTION
DE 1895

MON JOURNAL

LA VILLE DE ZEÏTOUN (D'après le dessin du *Daily Graphic* de Londres).

I

LES PRÉPARATIFS DE MASSACRE.

Pendant les mois de mai, de juin et de juillet 1895, Zeïtoun et ses environs jouirent d'une paix apparente. Les Turcs s'étaient adonnés pendant tout ce temps à une activité secrète et perfide. Les Arméniens en général, encouragés par l'espoir que les réformes proposées par l'Europe allaient être exécutées, étaient animés de joie et se tenaient insouciants. Les Grecs, les Juifs et les Européens, convaincus que les réformes allaient se réaliser, félicitaient les Arméniens de leur délivrance prochaine ; les commerçants juifs d'Alep se préparaient même à aller s'établir dans l'Arménie réformée.

Le gouvernement turc flattait les Arméniens en

apparence et leur montrait une attitude douce et bienveillante ; en même temps, il avait répandu des mollahs, des softas, des cheikhs et des gendarmes déguisés pour exciter la populace musulmane. Des sociétés secrètes se formaient, des armes étaient distribuées, et des ordres étaient donnés aux Turcs de surveiller de près les Arméniens. Partout on transformait les Medressés (écoles religieuses) en corps de garde où les Turcs allaient prendre des armes et des munitions.

Pendant cette période de préparation, les Turcs ont quelquefois fait éclater leur rage contenue et leur impatience de commencer le massacre : « Giavours, disaient-ils, vous allez voir, dans peu de jours nous allons vous massacrer tous ». A Marache, Cadir-Bek Zulcadir, qui est le vrai maître et gouverneur de cette province et dans les mains duquel le Mutessarif n'est qu'un pantin, avait plusieurs fois répété aux notables arméniens : « Ne nourrissez pas de vaines espérances, le Sultan ne vous accordera rien du tout ; et s'il voulait même exécuter les réformes, nous sommes toujours décidés à vous massacrer. »

Cependant, Zeïtoun étant considéré par les Turcs, comme une espèce de « petite Russie » dans l'empire ottoman, les autorités de Marache avaient pensé que le bataillon se trouvant dans la caserne était insuffisant pour la besogne projetée. Au mois de juin ce bataillon fut remplacé par celui d'Enézé, qui était composé de soldats arabes, kurdes et turcomans renommés pour leur bravoure. Ces soldats turbulents et leurs jeunes officiers commençaient déjà à adresser aux Zeïtouniotes des paroles insolentes : « Attendez un peu que le combat commence, et vous allez voir un bataillon comme vous n'en avez pas encore vu. » Mais pour que ces brigands ne commencent pas l'exécution du projet secret avant le jour fixé, le gouvernement fit transporter à Marache le major qui était un homme trop ardent et envoya à sa place le colonel des bataillons de Marache, Effet-Bey, un turc constantinopolitain, homme paisible et honnête, qui avait pris part à la guerre russo-turque et était tombé deux fois captif aux mains des Russes.

Les soldats jetèrent le trouble à Zeïtoun par leur conduite licencieuse ; ils allaient prendre des marchandises aux boutiquiers arméniens et ne payaient pas, ils adressaient des paroles ordurières aux femmes zeïtouniotes, ils injuriaient les hommes et insultaient les prêtres.

Dans le courant du même mois, Tevfik-Bey, le gouverneur de Zeïtoun, fut remplacé par Avni-Bey, un Turc smyrniote très fanatique ; cet homme mit le comble à l'excitation provoquée par les soldats, en menaçant lui-même les Zeïtouniotes de catastrophes imminentes.

Aux mois de juin, de juillet et d'août, quelques cas de choléra s'étaient déclarés en Cilicie ; le gouvernement y trouva un prétexte pour fonder des corps de garde au sommet des collines, même dans les districts montagneux où l'épidémie ne pouvait jamais pénétrer. Les bandes de musulmans armées qui se trouvaient dans ces prétendues maisons sanitaires, sortaient souvent et allaient se poster sur les chemins, pour laisser passer en toute liberté les musulmans d'un district à l'autre, tandis qu'ils fouillaient et pillaient les Arméniens sous le prétexte sanitaire.

II

NOTRE ENTRÉE A ZEÏTOUN ET NOTRE RÔLE.

Ici, on me permettra d'ouvrir une parenthèse pour expliquer notre présence à Zeïtoun.

Je suis né dans le Taurus ; en 1888, j'ai quitté mon pays pour aller faire des études à Constantinople ; en 1891, je suis allé en France ; en 1893, sur l'invitation de mes compatriotes, je me suis rendu en Cilicie. Après le massacre de Sassoun, pressentant que des événements pareils menaçaient mes compatriotes, j'ai tâché de préparer la population à se défendre contre les attaques éventuelles des musulmans.

La jeunesse patriote du pays ne resta pas indifférente à mon appel ; si faible que fussent ses moyens, elle se mit à préparer la défense.

En 1894, mon cher ami et mon compagnon d'armes, Abah, vint me rejoindre dans le même but. Abah était fils d'une grande famille de la Haute-Arménie ; il devait se distinguer dans les combats que je vais raconter plus tard. Après les massacres de Sassoun, quelques Arméniens encore arrivèrent en Cilicie pour s'associer à la tâche que nous avions entreprise.

Pendant que le gouvernement organisait le massacre, nous avons décidé de nous disperser dans les différentes parties de la Cilicie pour y préparer l'œuvre de la défense. Moi, je me suis chargé de remplir cette mission à Zeïtoun, que je connaissais fort bien. Je fus accompagné par mes amis Abah, Mleh et par Hratchia, un jeune Arménien de la Grande-Arménie, qui, ces jours-là venait d'arriver d'Europe. Vers la fin du mois de juillet nous sommes arrivés à Zeïtoun. Je ne veux pas donner des détails sur les risques que nous avons courus en chemin ; nous étions bien armés et nous avons su nous tirer d'affaire.

A Zeïtoun, nous avons trouvé un accueil enthousiaste. Cette vaillante population, qui depuis quelque temps s'était résignée à mordre son frein en silence, se redressa volontiers à notre appel. Un

L'INSURGÉ GARABED HRATCHIA — MLEH AGHASSI — L'INSURGÉ NICHAN ABAH

grand nombre de Zeïtouniotes vinrent nous rejoindre dans les montagnes où nous nous étions cachés. Il y avait des jeunes et des vieux ; tous en avaient assez de cet état d'asservissement et étaient décidés à tout pour reconquérir leur liberté ; ils embrassaient nos armes et ils s'écriaient : « Le combat est une fête pour nous ; nous repousserons les Turcs ». La présence de jeunes gens élevés en Europe et qui allaient dans ce pays se dévouer pour leur compatriotes, emplissait d'émotion et d'admiration l'âme de ces rudes montagnards. Ils nous respectaient, ils suivaient docilement nos conseils ; ils étaient venus tous avec des armes ; il y avait même des enfants qui portaient un couteau ou un pistolet.

Nous avons avivé par nos paroles leur esprit de discipline et nous leur avons inspiré la conscience de la force morale. Nous leur parlions des grandes nations de l'Europe et de leur civilisation, et ils furent très heureux de constater que leur sentiment d'indépendance et la conception d'une vie libre qu'ils avaient formée dans leur simplicité de montagnards s'accordait parfaitement avec les idées de la civilisation européenne.

De jour en jour l'indignation grossissait parmi

les Zeïtouniotes, à mesure que le gouvernement augmentait ses persécutions.

Mais, d'autre part, une certaine panique s'était répandue parmi les Turcs ; un bruit avait couru que des milliers de soldats européens étaient arrivés en ballons à Zeïtoun ; parce que je parlais le français et qu'Abah et Mleh parlaient l'anglais, et parce que nous portions des chapeaux et des costumes militaires que nous avions improvisés nous-mêmes, les Turcs nous avaient pris pour des Français ou des Anglais. Pour le paysan turc l'Anglais ou le Français est un être diabolique et terrible.

Ils racontaient sur notre compte des histoires merveilleuses ; ils croyaient que nous pouvions brûler de loin des milliers de musulmans au moyen de miroirs magiques, ou bien les étouffer en masse avec des esprits chimiques ; ils croyaient aussi que nous avions des bombes à dynamite, et en prononçant ce mot ils se dépêchaient de dire le nom du Prophète pour se préserver de la mort.

III

LES MOTIFS DE L'INSURRECTION ET LA DÉCISION.

Une première rencontre eut lieu entre les Arméniens et les gendarmes, le 17 août. L'Arménien Djellad qui était allé avec un ami au village de Dache-Olouk pour voir sa mère, avait été assailli par une quarantaine de gendarmes de Goguisson. Tous deux s'étaient défendus pendant une demi-heure et avaient réussi à mettre les Turcs en fuite.

Le 12 du mois de septembre, une bande de Kurdes attaqua la maison d'été du maire d'Alabache, l'arménien Khatcher-Kaïa ; les Arméniens d'Alabache résistèrent aux Kurdes, en tuèrent deux et chassèrent les autres. Des gendarmes de Zeïtoun, à la suite de cet incident, allèrent plusieurs fois à Alabache dans l'intention d'arrêter Khatcher-Kaïa et ses acolytes; les Arméniens ne voulaient pas se rendre, et lorsque les gendarmes arrivèrent en très grand nombre, ils se retirèrent dans les montagnes.

Le 30 septembre, une grande manifestation avait été faite à Constantinople par les Arméniens. Nous ne connaissions pas ce qui s'était passé, et nous vîmes avec étonnement que les Turcs et le gouvernement lui-même prirent, tout d'un coup, une attitude menaçante envers les Arméniens ; en quelques jours les villages arméniens furent mis en état de siège. Dans les villages de Goguisson, le Circassien Mehemmed-Bek forma un *seymen* et se mit à persécuter les Arméniens de ces parages. Dourdou-Bek Abaza persécutait les Arméniens de Gaban, et le plus sanguinaire de tous, Zulfahar-Zadé Yayidj-Oghlou pressurait ceux d'Androun. Tous les jours, des Arméniens de ces villages arrivaient à Zeïtoun et demandaient à être protégés ; mais nous attendions encore, jugeant que le moment n'était pas arrivé de nous insurger.

Le 10 octobre, le gouvernement de Zeïtoun avait envoyé, pour une dernière fois, à Alabache, deux gendarmes pour examiner, en secret, la situation des Arméniens, en vue d'une attaque décisive,

Les Alabachiotes, emportés par la colère, attachèrent ces deux gendarmes à un arbre et les brûlèrent. Cet acte d'audace eut son résultat : le gouvernement n'osa plus envoyer ni gendarmes ni espions à Alabache ; seulement, des bandes de bachi-bouzouks et des bataillons de réguliers commençaient, peu à peu, à cerner le Zeïtoun par ses limites lointaines ; ils arrêtèrent les communications des Zeïtouniotes avec Marache, Albisdan, Androun et Goguisson, et emprisonnèrent les Zeïtouniotes qui se trouvaient dans ces endroits.

Le 16 octobre, le capitaine de Marache, le Circassien Hadji-Aslan-Agha, vint à Zeïtoun avec quinze gendarmes, en apportant des ordres secrets. Après y être resté un jour, il s'enfuit de nuit et se rendit dans les villages de Pertous. Il y réunit une centaine de Turcs et voulut passer le fleuve Djahan pour incendier Alabache ; les Arméniens, après une heure de combat, parvinrent à les repousser.

Le 19 octobre, Aslan-Agha réunit encore une fois deux cents Turcs et essaya d'entrer à Alabache par un autre passage ; il fut, cette fois encore, repoussé par les Arméniens.

Pour le district d'Androun, le danger vivant

c'était Yayidj-Oghlou ; Djellad, ce Zeïtouniote renommé pour sa bravoure, se chargea de délivrer le pays de ce tyran ; il partit avec dix compagnons, le 17 octobre. Yayidj-Oghlou avait déjà avec lui un millier de Turcomans. Djellad jugea imprudent d'aller affronter une force considérablement supérieure et retourna. En chemin, près du passage de Seg, il rencontra une bande nombreuse de Kurdes Ghoumarlis; ceux-ci voulurent les attaquer; un combat eut lieu, quatre Kurdes furent tués, sept furent blessés et les autres se mirent en fuite, les Arméniens ramassèrent le butin que les Kurdes avaient laissé et retournèrent dans leur refuge.

Après ces incidents, nous avons compris que la vie des Arméniens du Taurus était en danger ; le massacre ne devait point tarder ; alors, nous avons laissé de côté tous les calculs de prudence et nous avons décidé de devancer l'ennemi, nous avons envoyé un appel aux princes et aux maires arméniens, nous les avons invités à se réunir pour tenir un conseil et pour organiser l'insurrection.

Ce fut le jeudi 24 octobre que nous avons déployé un drapeau rouge dans la vallée de Karanlik-Déré (vallée ténébreuse), entre le village Mavenk et la rivière de Tékir.

Dès le matin, les notables de tous les villages arméniens arrivèrent accompagnés de quelques combattants. On distinguait, parmi eux, le vartabed Bartholoméos, supérieur du couvent de Fournous, ce type magnifique de prêtre-guerrier, Der-Mardiros Der-Mardirossian, prêtre du village de Télémélik, âgé de soixante-dix ans, et le prince Nazareth Yéni-Dunia, le frère cadet de Babig-Pacha, qui arriva avec Hadji-Merguénian, un des chefs d'insurgés de Zeïtoun.

Le prince Nazareth est un bel homme de haute taille, bien bâti, âgé de trente-deux ans. Lorsque Babig-Pacha se réconcilia avec le gouvernement, Nazareth revint d'Alep où il était allé en captivité et fut nommé gendarme à Zeïtoun à l'âge de seize ans. Il avait la bravoure de son frère, avec plus de ruse et de diplomatie. Après la mort de Babig, le gouvernement l'éleva au grade de sergent, et dès lors, il fut connu partout sous le nom de *Nazareth Tchavouche*. Pendant quelque temps, il servit le gouvernement avec loyauté et il fut récompensé par les décorations de *Médjidié* et de *Sadakat;* mais après les événements de 1890, le gouvernement l'exila deux fois à Alep sous des prétextes futiles, et le força à embrasser l'islamisme en lui promettant de le faire colonel s'il acceptait, et en le menaçant de l'exiler à Bagdad s'il refusait.

Le prince refusa catégoriquement et réussit, à force de pourboires, à rentrer à Zeïtoun. Les derniers temps, il jouissait dans tout le Zeïtoun d'une grande autorité et le gouvernement le regardait d'un mauvais œil. Le colonel Effet-Bey avait reçu, vers le commencement du mois d'octobre, un télégramme du gouverneur de Marache (1), qui lui ordonnait de trouver un moyen d'envoyer le prince Nazareth à Marache ou de former un complot pour le tuer près de Pertous. Le prince avait compris le piège qu'on lui tendait et ne se rendait même plus à son poste. Le 24 octobre seulement, sur la demande des princes arméniens, il se rendit à la caserne. Il fut très cordialement accueilli par le colonel qui le persuada, avec beaucoup de douceur, d'aller à Marache. Le prince feignit de consentir et partit bien armé. Mais en chemin, il tourna son cheval, et au lieu d'aller à Marache où l'attendait une mort certaine, il vint nous rejoindre dans la vallée de Karanlik-Déré.

(1) Plus tard, nous avons trouvé ce télégramme dans la caserne.

A midi, nous commençâmes la délibération. Le drapeau rouge flottait au-dessus de nos têtes. J'ai ouvert la séance par quelques mots, où j'ai expliqué la situation et indiqué ce qu'il y avait à faire. Les notables parlèrent à leur tour et donnèrent leur opinion. Le vartabed Bartholoméos se distinguait parmi tous par la verve et la hardiesse de ses paroles; ce montagnard qui ne connaissait de l'Évangile que l'épisode de l'apôtre Pierre coupant l'oreille de Malchus et qui n'avait jamais pu faire un sermon, trouva des expressions ardentes pour exhorter ses amis à combattre.

La discussion dura pendant deux heures; nous fixâmes notre plan de combat et voici les conclusions principales auxquelles nous sommes arrivés :

1º Lutter jusqu'à la mort pour défendre notre pays et pour obtenir une liberté économique et politique conforme aux exigences locales;

2º Ne pas faire de mal aux paysans turcs, si ceux-ci ne nous attaquent pas les premiers ou s'ils se rallient à nous, ou bien s'ils restent neutres;

3º Au bout de deux jours, poster les combattants arméniens au sommet du mont Chembek, pour attaquer la caserne.

L'assemblée fut close par des chansons patriotiques. Vers le soir, Mleh partit pour Gaban avec un groupe de compagnons pour chasser les gendarmes qui étaient venus opprimer les paysans.

Le vendredi matin, 13 octobre, tous les maires partirent pour amener le lendemain leurs *seymen* au camp fixé. Nous restâmes seuls avec un petit groupe de combattants.

IV

LE COMBAT DE PERTOUS-TCHAÏ ET DJELLAD.

Les autorités de Zeïtoun avaient eu des nouvelles de notre assemblée et s'étaient troublées ; elles avaient déjà échangé plus d'une dépêche avec la Sublime-Porte. Après le départ des maires, nous reçûmes une lettre du village d'Andréassenk ; cette lettre nous avertissait que des délégués arméniens, envoyés par le gouvernement, étaient arrivés dans ce village et voulaient nous voir pour nous communiquer des nouvelles heureuses.

Je m'empressai de me rendre à ce village. Les délégués se composaient de trois personnes, le prêtre Der-Garabed, Asvadour-Agha Ezéguiélian et le maître d'école Avédik Ghiskhanian. Le prêtre me remit un télégramme qui portait la signature du patriarche Izmirlian et était adressé au président de l'assemblée religieuse de Zeïtoun ; il nous était transmis par le gouverneur de Zeïtoun. Voici, en résumé, la teneur de ce télégramme :

« Selon les renseignements qui nous sont parvenus, des troubles ont eu lieu aux environs d'Alabache ; ces jours-ci Sa Majesté le Sultan a accepté d'exécuter un projet de réformes pour ses fidèles sujets arméniens, et ces réformes seront réalisées dans peu ; par conséquent, si les troubles continuent, vous-mêmes vous en serez responsables. »

Nous doutâmes de l'authenticité de ce télégramme, nous comprîmes bien que ce n'était là qu'un piège tendu par le gouvernement et nous tâchâmes d'en persuader les délégués. Nous consentîmes quand même à rester tranquilles pendant douze jours pour voir comment le gouvernement exécuterait les réformes.

Je retournai à Karanlik-Déré, et nous étions déjà en train d'envoyer des instructions aux paysans des villages des environs pour qu'ils attendent quelque temps, lorsque ce jour-là même, des courriers arrivèrent des environs et nous apportèrent de tristes nouvelles.

Celui qui arrivait de Marache, avait à peine réussi à sauver sa vie, et était venu se réfugier auprès de nous; les Turcs avaient attaqué le marché de Marache et le quartier Caramanli, ils avaient pillé et massacré les Arméniens, puis ils avaient attendu sur le chemin des vignes et avaient tué ceux qui en revenaient. Nous avons appris par ce courrier qu'à Marache aussi le gouvernement avait envoyé le même télégramme aux chefs religieux arméniens, en leur ordonnant de réunir dans les églises leurs ouailles, des jeunes garçons jusqu'aux vieillards et de leur annoncer la nouvelle des réformes accordées par le Sultan. L'intention du gouvernement était de brûler les Arméniens tous ensemble dans les églises comme cela arriva plus tard à Orfa. Mais un incident particulier devança l'exécution de ce dessein: la nuit du 24 octobre, un Arménien ayant tué un brigand turc du nom de Keïneksiz-Oghlou qui voulait le piller, le père du brigand, impatient de venger la mort de son fils, ne voulut pas attendre le jour fixé par le gouvernement, réunit le lendemain un grand nombre de musulmans et attaqua les Arméniens du quartier Caramanli.

Le courrier de Zeïtoun nous rapporta que la

veille deux cents soldats étaient arrivés en secret à la caserne.

Dans le village Aghali, un capitaine était arrivé du côté de Hadjin avec ses deux fils et son domestique ; cet homme avait excité les Circassiens et Turcs de Goguisson et voulait partir pour Marache dans l'intention d'en amener des soldats pour commencer le massacre. Il avait déjà eu l'imprudence d'en faire la menace aux Arméniens. Les gens de Fournous, devenus furieux, le tuèrent avec ses deux fils.

A la fin, je reçus du maire d'Alabache, Khatcher kaia, une lettre ainsi conçue : « Un grand nombre de réguliers et de bachi-bouzouks sont arrivés ici, ont brûlé nos maisons se trouvant sur la rive méridionale du Djahan ; notre existence est en danger ; dépêchez-vous d'arriver à notre secours. »

Alors nous avons compris clairement le jeu du gouvernement ; attendre encore un peu, c'était notre perte. Nous avons modifié nos décisions et nous avons envoyé partout un appel aux Arméniens des environs pour qu'ils se réunissent à Alabache dans la vallée de Tchakhir-Déré. Nous fûmes les premiers à nous y rendre ; nous avions

UN GROUPE D'INSURGÉS ZEÏTOUNIOTES
(D'après un dessin du *Daily Graphic* de Londres).

avec nous le maire de Mavenk, Hadji-Mardiros Chadalakian avec ses trente combattants.

Le samedi matin 26 octobre, nous sommes arrivés à Tchakhir-Déré ; nous y avons trouvé deux cents Arméniens d'Alabache qui s'y étaient déjà réunis, les uns armés et les autres sans armes. Vers midi, de nouvelles bandes arrivèrent de Télémélik et de Fournous, ayant à leur tête le prêtre Der-Mardiros ; ensuite arriva la bande d'Avak-Gal, avec laquelle se trouvait un des chefs d'insurgés de Zeïtoun, Hadji-Panos Cham-Kéchichian, accompagné de ses combattants. Chaque bande était précédée d'un drapeau rouge. Le soir, le prince Nazareth Yéni-Dunia vint nous rejoindre avec soixante combattants, parmi lesquels se trouvaient les deux fils de Babig-Pacha, Avédis et Avédik. Nous l'avons reçu avec des acclamations enthousiastes.

Nous fîmes poster les insurgés par bandes à des endroits différents. Quelques collines nous séparaient de l'ennemi. Le fleuve Djahan coulait entre nous deux et formait une barrière. Deux cents soldats avaient dressé leurs tentes sur la rive méridionale du fleuve, au sommet d'une colline, près du village turc de Maskhitli. Un grand nombre de softas allaient et venaient parmi eux ; on leur distribuait des armes et des munitions.

La première chose que nous avons faite, ce fut d'envoyer à Ghelavouz-Déré quelques-uns des nôtres qui coupèrent les fils télégraphiques mettant en communication le Zeïtoun avec Albisdan et Marache. Puis, nous avons tenu un conseil de guerre et nous avons décidé d'attaquer nous-mêmes l'ennemi.

Pour nous effrayer, les Turcs avaient allumé des feux en grand nombre. Sans en être troublés le moins du monde, nous avons fait nos préparatifs ; nous avons désigné cent cinquante combattants qui devaient, conduits par Djellad et par Khatcher-Kaïa, passer le fleuve le lendemain matin et attaquer l'ennemi par devant et par derrière.

Malheureusement, la plupart de nos combattants, ne sachant pas nager, quarante-sept hommes avaient seuls pu passer le fleuve et tâché, malgré leur petit nombre, de cerner les soldats des deux côtés. Les autres se rangèrent avec nous sur le bord septentrional du fleuve, en face de l'ennemi.

Tandis que nous nous préparions à commencer

le combat; nos compatriotes avaient eu déjà un succès d'armes à Fournous. Un major y était arrivé de Marache avec huit gendarmes et des fonctionnaires, pour ouvrir une enquête sur l'affaire des Kurdes tués par Djellad; il avait traversé les villages de Télémélik et de Boughourlou, où il avait fait battre et torturer des paysans arméniens, sous prétexte qu'ils avaient donné l'hospitalité aux assassins des Kurdes; les opprimés s'étaient adressés à leurs compatriotes de Fournous et avaient demandé leur protection; cent cinquante personnes de Fournous étaient allées assiéger le major au moment où il traversait le passage de Seg avec trois cents émigrés circassiens qui se rendaient à Damas; ils n'avaient pas touché aux Circassiens, selon la seconde décision de notre assemblée, ils avaient seulement tué le major et ses gendarmes.

Le dimanche matin arriva (27 octobre). Djellad, qui avait été le premier à passer le fleuve, donna le signal du combat; son premier coup de fusil tua un sergent qui était en train de chanter la formule prescrite pour appeler les soldats à la prière. Une fusillade commença des deux côtés. Nous aussi nous tirions sur les Turcs, mais la distance était grande, et la plupart d'entre nous n'ayant que des fusils à silex, nos balles n'arrivaient pas toutes jusqu'à l'ennemi. Alors, le prince Nazareth, inquiet de l'issue de ce combat à forces inégales, poussa son cheval en s'écriant : « Suivez-moi, mes enfants ! » Soixante combattants le suivirent ; ils traversèrent le fleuve malgré la pluie de balles que les ennemis faisaient tomber sur eux.

Le combat se poursuivit avec plus d'acharnement. Au bout de quatre heures, les ennemis, découragés, étaient en train de s'enfuir, lorsque trois mille bachi-bozouks arrivèrent à leur secours et se mirent à cerner les nôtres. La résistance devenait impossible contre des forces aussi considérables ; nous fîmes signe aux nôtres de retourner près de nous ; ils descendirent dans la vallée de Pertous-Tchaï pour passer le fleuve, mais les ennemis s'empressèrent de les poursuivre et de les attaquer. Un massacre était inévitable, si notre ami Abah ne s'était dévoué pour les sauver. Abah avait un bon winchester, que nous avions surnommé *Ordou-Bozan* (destructeur d'armées) ; il sortit de sa cachette, et, ayant avec lui un petit groupe de bons tireurs, il s'avança jusqu'au bord du fleuve, et tous se mirent à tirer sur les ennemis dont ils tuèrent un bon nombre. Les Turcs tournèrent leur attention sur ce groupe, dirigèrent leurs balles sur eux, sans réussir à en atteindre un seul; en ce moment, nos compagnons purent passer le fleuve et arriver jusqu'à nous. Le combat cessa.

Pendant ces quatre heures de combat, les ennemis avaient perdu trente-trois des leurs et avaient eu quelques dizaines de blessés; de ceux des nôtres qui avaient passé le fleuve, trois seulement étaient morts et quatre blessés.

L'un de ceux qui étaient morts, c'était Djellad. Les ennemis avaient tourné leur attention sur lui et sur le prince Nazareth, qui tous les deux, par leurs costumes militaires et par leurs fusils Martini se distinguaient parmi les autres. Au dernier moment, lorsque leurs munitions s'étaient épuisées, ils avaient voulu repasser le fleuve; le prince Nazareth, malgré une blessure à la jambe, avait réussi à le traverser, mais Djellad avait été arrêté dans sa marche par une balle qu'il avait reçue dans le ventre et qui l'avait abattu par terre; les ennemis étaient arrivés, lui avaient coupé la tête et l'avaient envoyée à Marache pour qu'on la promenât dans les rues.

Djellad était un homme renommé dans toute la partie montagneuse de la Célicie pour sa bravoure, son audace et son fier caractère. Il était né dans le village de Dache Olouk; son nom de baptême était Garabed Ghir-Panossian, et c'est pour ses exploits qu'on lui avait donné le surnom de Djellad (le Bourreau). Il avait mené une vie irrégulière, toujours en révolte contre le gouvernement et ses injustices. Il avait souvent défendu les paysans opprimés contre les fonctionnaires féroces; et bien que plus d'une fois il eût dévalisé la poste du gouvernement, il était toujours sans argent, parce qu'il donnait aux pauvres tout le butin qu'il ramassait. Lorsqu'il apprit le danger de massacre qui menaçait ses compatriotes, il fut l'un des premiers à se ranger parmi les insurgés et sa présence ravivait l'ardeur de nos combattants. Sa mort fut une perte considérable pour nous; tous les insurgés le pleurèrent. Ils se désolaient surtout de ce que Djellad fût mort sans avoir pris la sainte communion; le vartabed lui avait d'avance signifié qu'il ne lui donnerait la communion que s'il apportait trente têtes de Turcs, et il avait à peine eu le temps d'en apporter treize.

Nous nous sommes assemblés encore à Tchakir-Déré, et nous avons envoyé les blessés à leurs maisons. Après un moment de repos, nous avons laissé cent Alabachiotes en face de l'ennemi et nous sommes partis vers midi à Zeïtoun. Le prince Nazareth ne donna aucune importance à sa blessure; la balle avait seulement frôlé l'os, mais elle était restée dans la chair; d'un mouvement dédaigneux, il fendit sa jambe avec un couteau, en retira la balle, puis sauta sur son cheval et marcha à notre tête sur Zeïtoun. Le soir, après que la nuit fut tombée, nos Alabachiotes, irrités de l'insuccès de notre première tentative, avaient encore une fois attaqué les ennemis et les avaient mis en fuite jusqu'à deux heures de distance, à Nal-Tchékén.

Ce jour-là une agitation populaire avait eu lieu à Zeïtoun. Le gouverneur et le colonel avaient déjà télégraphié à Marache au sujet de notre combat, mais les fils télégraphiques étant coupés, ils n'avaient reçu aucune instruction décisive; ils avaient donné l'ordre aux officiers d'entrer dans la caserne avec leur famille. Le peuple, surexcité, s'était déjà soulevé et avait assiégé le Palais du gouvernement.

Notre bande allait en grossissant; les Alabachiotes avaient communiqué partout la nouvelle de l'insurrection. De tous côtés arrivèrent des paysans armés en grand nombre; parmi tous se distinguait la bande conduite par le vartabed Bartholoméos de Fournous; celui-ci portait une croix sur la poitrine et un grand sabre dans la main droite : « N'ayez pas peur, mes enfants, s'écria-t-il, grande est la puissance de la Croix et de l'épée. »

Sur le mont Chembek nous avons rencontré deux cents jeunes combattants, conduits par le prince Sarkis, frère de Nazareth; Hadji-Merguénian arriva aussi avec une bande nombreuse. Nous étions maintenant au nombre de sept cents; nous avons passé la nuit au pied du Chembek, dans le village arménien de Khakhdodz. Après un repos de cinq heures, nous avons tenu un conseil de guerre, et vers le matin nous nous sommes mis en route. A l'aube, nous étions arrivés dans les vignes de Saghir, et nous nous préparions à assiéger la caserne.

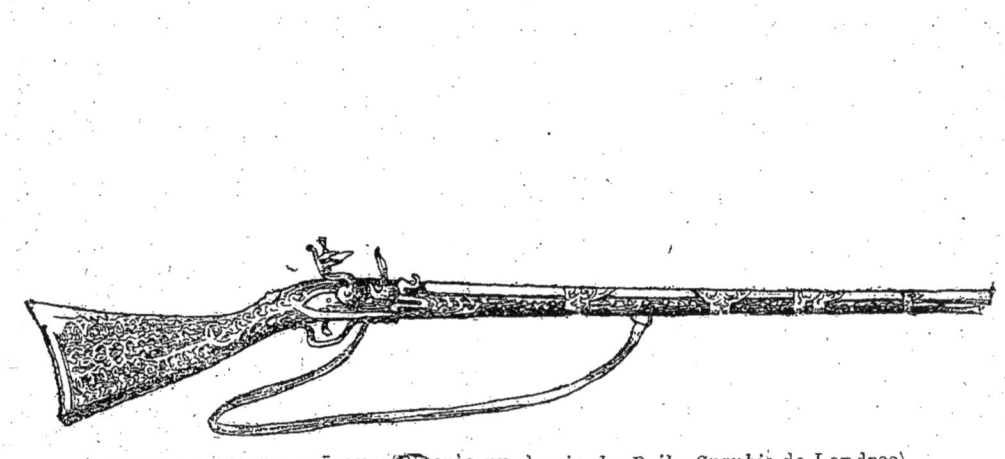

FUSIL A SILEX DE ZEÏTOUN (D'après un dessin du *Daily Graphic* de Londres).

V

LA PRISE DE LA CASERNE.

Nous avons divisé nos combattants en deux parties. Les gens des villages allèrent assiéger la caserne du sud et de l'ouest, à une distance de dix minutes ; ils étaient conduits par les maires, les princes et les notables. Il faisait encore nuit et les Turcs ne s'aperçurent pas du siège et n'y mirent aucun obstacle. Quant à nous, nous avons passé au-dessus de la caserne et nous sommes entrés dans le couvent de Sourp-Asdvadsadsine; nous étions conduits par le prince Nazareth. Dans le couvent, nous avons vu la mère du prince Nazareth ; celle-ci, une vieille femme de soixante-dix ans, s'approcha de son fils, tâta sa blessure pour voir si elle était grave, puis la pansa soigneusement; sa main semblait en avoir l'habitude, ayant déjà tâté les nombreuses blessures de tous ses enfants : « Mon enfant, lui dit-elle, défends bien ton pays; si tu meurs, tu auras fait ton devoir. » Puis nous avons vu le vartabed Sahag, un vieillard boiteux et âgé de quatre-vingt-dix-neuf ans; il avait l'air heureux et il rendait grâce à Dieu en s'écriant : « Sois loué, Seigneur! je craignais de mourir sans avoir encore une fois senti l'odeur de la poudre ; je commençais à me dégoûter du parfum de l'encens, et je versais parfois de la poudre dans l'encensoir. » Puis il se retournait vers nous et nous suppliait de trouver un moyen pour qu'il pût lui-même prendre un fusil et tirer sur les infidèles. Nous lui avons répondu qu'il ferait bien de se contenter de nous encourager avec ses paroles ardentes. Et en effet, ce vénérable vieillard, qui autrefois de sa voix terrible avait mis en déroute les bachi-bozouks d'Aziz-Pacha, devint pour nous un grand inspirateur de courage et de patriotisme.

Peu à peu les Zeïtouniotes se mirent à quitter la ville pour venir au couvent prendre des ordres et des munitions. Les hommes du quartier Sourénian, conduits par leurs princes et par Hadji-Merguénian, allèrent assiéger la caserne du côté du nord. Les hommes du quartier Yéni-Dunia se postèrent à l'est, conduits par les princes Sarkis, Eghia et Nichan. Nous avons envoyé quelques-uns d'entre nous qui allèrent couper l'eau de la caserne à une demi-heure de distance, pour condamner les soldats à mourir de soif.

En même temps, un grand nombre d'hommes et de femmes avaient assiégé le Palais où se trouvaient le gouverneur, les fonctionnaires et un sergent avec soixante-quinze soldats.

Dès qu'il fut jour (28 octobre), nous avons commencé la fusillade. Nous étions au nombre de deux mille, mais de la caserne on ne voyait personne, nous étions tous cachés derrière des rochers et des barricades que nous avions construites à la hâte. Les officiers avaient tout d'abord trompé les soldats en leur disant que c'étaient là quelques brigands zeïtouniotes, dont les munitions se seraient épuisées jusqu'à midi et qu'il leur serait très facile d'égorger un à un. Les soldats, encouragés par ces paroles, commencèrent eux-mêmes une vive fusillade. Mais ils ne tardèrent pas à s'apercevoir qu'ils étaient trompés ; avant midi, les insurgés, de plus en plus nombreux, avaient grimpé jusqu'au sommet de la colline et assiégé la caserne à trente mètres de distance. Les soldats tiraient sans cesse, mais sans voir personne pour pouvoir viser ; tandis que les Zeïtouniotes voyaient si bien l'ennemi et visaient si justement, qu'ils avaient déjà réussi à frapper au front quelques sergents se tenant derrière les trous à fusils de la caserne. Les soldats en furent effrayés et ceux qui se trouvaient encore dans les maisons environnantes se hâtèrent d'entrer dans la caserne.

Vers midi, un jeune Zeïtouniote du nom de Manoug fit un acte d'audace : il prit le grand drapeau, courut sous une grêle de balles, alla le planter sous le mur de la caserne, à cinq mètres de distance, puis il s'assit près du drapeau, derrière une grosse pierre. Les soldats, furieux, tirèrent tous sur le drapeau, mais ne réussirent qu'à le trouer, sans pouvoir le faire tomber ; le colonel avait promis quarante livres à celui qui lui apporterait le drapeau ; un sergent arabe osa sortir de la caserne, mais une balle le cloua par terre.

Dans l'après-midi, nous avons réussi à occuper quelques-unes des maisons environnant la caserne, puis le bain, puis la maison du capitaine Cadir-Agha. Alors le colonel fit diriger les canons contre nos barricades et contre les maisons que nous avions occupées ; mais avant qu'ils eussent commencé à nous bombarder, les nôtres réussirent à frapper d'une balle le sergent d'artillerie et forcèrent ainsi les soldats à rentrer les canons.

Vers le soir, quelques soldats tentèrent de sortir pour trouver de l'eau ; ils étaient déguisés en femmes, mais ils ne réussirent pas à nous tromper, et lorsque quelques-uns d'entre eux tombèrent sous nos balles, tous se hâtèrent de rentrer dans la caserne.

La nuit arriva ; le combat se poursuivit, de plus en plus acharné ; les petits enfants nous criaient par les fenêtres de la caserne : « Zeïtouniotes, nous mourons de soif, donnez-nous à boire. » Les nôtres leur répondirent : « Dites à vos pères qu'ils se rendent, et nous vous donnerons de l'eau. »

Le 29 octobre, au matin, les soldats se mirent encore une fois à nous bombarder, les Zeïtouniotes ne tardèrent pas à s'habituer aux boulets, d'autant plus que ceux-ci ne leur faisaient aucun mal ; à peine avaient-ils vu la fumée, qu'ils descendaient dans les ravins et lorsque le boulet était tombé, ils remontaient pour reconstruire les barricades renversées et pour tirer sur les artilleurs ; de sorte qu'après avoir lancé en pure perte quarante boulets, les soldats furent obligés de rentrer les canons.

Vers midi, nos combattants s'emparèrent de la mosquée et de toutes les maisons qui se trouvaient autour de la caserne ; ils en brûlèrent quelques-unes.

Vers le soir, le combat devint plus furieux. Maintenant il nous était très facile d'incendier la caserne, mais nous voulions la prendre pour nous emparer des armes et des munitions qui s'y trouvaient. Ce jour-là, nous avions eu trois morts et quatre blessés.

La nuit arriva. Nous avons appris que des régiments arrivaient au secours de la caserne ; alors nous avons compris que nous devions nous dépêcher de prendre la caserne. Nous avons tout d'abord envoyé dans la ville un groupe d'insurgés ; ceux-ci allèrent se poster dans l'église des arméniens catholiques qui se trouvait à côté du palais ; ils menacèrent les soldats se trouvant dans le palais, de les faire tous sauter au moyen de bombes à poudre qu'ils avaient avec eux.

Nous avions officiellement communiqué la

même menace au gouverneur; celui-ci consentit à se rendre, à la condition d'avoir la vie sauve. Alors je suis descendu à la ville avec mes compagnons Mleh et Hratchia, et nous nous sommes dirigés vers le palais. Le gouverneur Avni-Bey, les fonctionnaires et les soldats sortirent désarmés. Nous avons envoyé le gouverneur dans la maison du prince Garabed Passilossian, et les soldats dans d'autres maisons. Nous avons trouvé dans le palais une centaine de fusils Martini et plusieurs milliers de cartouches que nous avons distribués aux plus braves d'entre nous. Nous avons chargé notre ami Mleh, avec quelques notables, de rester dans le palais et le surveiller.

Ce premier succès causa une joie immense aux Zeïtouniotes; ils formèrent une procession, et en déployant les drapeaux, en chantant et en acclamant, ils nous portèrent en triomphe jusqu'au couvent.

A peine arrivé au couvent, j'ai écrit la lettre suivante, en arménien, au gouverneur et au sergent captifs :

> Monsieur le Gouverneur et Monsieur le Sergent,
> Nous ne sommes pas des malfaiteurs sanguinaires;

nous sommes des défenseurs de notre pays. Vous pouvez vous en rendre compte vous-mêmes ; vous voyez bien que pour le salut du peuple, sans aucun but intéressé, nous avons exposé notre vie. Le paysan turc et le soldat sont aussi opprimés que nous et sont nos frères ; nous aurions pu déjà faire sauter la caserne au moyen de nos bombes à dynamite, mais nous avons eu pitié de leurs femmes et de leurs enfants. Ecrivez tout de suite aux gens de la caserne et conseillez-leur de se rendre, sinon nous les brûlerons tout vifs et nous ferons sauter la caserne.

Au nom des insurgés,
AGHASSI.

29 octobre 1895.
Mardi soir à 8 heures.

Le gouverneur s'était effrayé en lisant ce mot de dynamite ; il s'était empressé d'écrire au commandant de la caserne une lettre où il résumait le contenu de la nôtre. Il leur avait écrit qu'ils étaient perdus s'ils ne se rendaient pas. Nous avons donné cette lettre à un soldat turc qui était tombé captif entre nos mains, et nous lui avons ordonné de la porter aux gens de la caserne et de nous en apporter une réponse.

En ce moment, nous avions préparé une sorte de grande charrette en fer, à parois hautes et très épaisses ; dix hommes pouvaient la pousser par derrière, et nous aurions pu la rouler jusqu'au pied de la caserne, tout en étant préservés des balles de l'ennemi par ce grand bouclier mouvant. Nous avions fait apporter quelques caisses de pétrole et la pompe de la municipalité ; notre intention était d'avancer au moyen de cette charrette jusqu'au pied de la caserne et de la brûler si les soldats ne se rendaient pas. C'est notre ami Abah qui surveillait tous ces préparatifs ; c'est lui, d'ailleurs, qui sans avoir un instant dormi depuis deux jours, s'était tout le temps jeté au devant du danger et avait conduit nos combattants par son ardeur et par son audace.

Nous avions montré la charrette et déclaré notre intention au soldat qui portait notre lettre. Il se rendit à la caserne. Des deux côtés la fusillade cessa pour une demi-heure ; un de nos combattants cria à plusieurs reprises d'une voix tonnante : « Nous vous brûlerons, nous vous brûlerons, si vous ne vous rendez pas ».

Au bout d'une demi-heure, on nous cria de la caserne : « Nous voulons bien nous rendre, mais nous nous rendrons à vos chefs ». Peu après nous avons entendu une sonnerie de trompette ; les soldats de la caserne voulaient s'assurer par ce moyen si ceux du Palais s'étaient rendus ; de la ville une sonnerie de trompette leur répondit. Alors deux coups de canon, partis de la caserne, nous annoncèrent que l'ennemi se rendait.

Ceci se passait deux heures avant minuit. Nous avions cessé le combat, mais nos insurgés ne bougèrent pas de leur place ; nous avons attendu jusqu'au matin, armes en main.

Le mercredi, 30 octobre, au point du jour, les gens de la caserne se mirent à sortir ; ce furent d'abord les femmes, puis les hommes ; ils étaient au nombre de sept cents ; ils passèrent tous sous les épées levées d'Abah, de Mleh, de Hratchia et du vartabed Bartholoméos. Le colonel, avec ses officiers, vinrent me trouver près de la mosquée, où je les attendais avec les princes et entouré de quelques milliers de combattants ; ils déposèrent leurs armes et déclarèrent qu'ils étaient nos captifs ; je leur ai répondu que nous les considérions comme nos hôtes et qu'ils pouvaient être sûrs de leur vie et de l'honneur de leurs femmes. Nous les avons placés dans les maisons arméniennes et nous avons rigoureusement ordonné aux combattants de ne pas toucher aux bijoux et aux ornements dont les femmes turques étaient chargées ;

les Arméniennes de Zeïtoun leur firent d'ailleurs un accueil amical ; elles leur distribuèrent des fruits, des confitures et leur donnèrent à boire. Nous avons mis les soldats dans le palais.

Ce fut une journée de gloire et d'allégresse pour le peuple de Zeïtoun.

A midi, nous sommes entrés dans la caserne. Nous y avons trouvé bien plus de choses que nous ne pensions. Toutes les chambres étaient meublées avec une magnifique opulence ; il y avait des tapis précieux, des châles de Lahore et de Tripoli, des couverts d'argent, des assiettes en faïence, de grandes glaces richement encadrées, des coffres tout pleins de vêtements d'hommes et de femmes et de belles étoffes de satin, de velours ou de soie qu'on avait fait venir de Damas ou d'Europe. Ces richesses nous frappèrent d'étonnement et de tristesse ; nous nous sommes demandé comment ces officiers, avec leurs trois cents piastres (à peu près soixante francs) d'appointements, les avaient pu accumuler dans l'espace de quelques années ; et nous avons compris alors ce que devenait l'argent si durement gagné par les paysans arméniens.

Avec ces objets de luxe, nous avons eu la joie de trouver dans la caserne une grande quantité de munitions, d'armes et de provisions ; il y avait quelques centaines de fusils Martini, cent-vingt mille cartouches, deux canons de Krupp avec cent soixante-dix boulets et deux gros barils de poudre, deux dépôts d'orge, deux dépôts de riz et de haricots, un dépôt de sel, une trentaine de poêles, quarante mille kilogrammes de farine, une grande provision de paille, trente bidons d'huile, deux mille chaussettes, trois cents uniformes de soldats, seize mulets d'artillerie, une vingtaine de chevaux et une pharmacie pleine de toutes sortes de médicaments.

Nous avons distribué les armes et les cartouches aux plus braves de nos Zeïtouniotes et de nos paysans. Cette distribution ne fut pas sans dispute ; tous voulaient avoir de bonnes armes ; il y eut même des femmes qui pleuraient de rage parce que nous n'avions pas pu leur en donner. Après la distribution d'armes, nous avons donné l'ordre au peuple de partager les objets se trouvant dans la caserne, ce qui fut fait en deux heures.

Le soir, les princes de Zeïtoun, les notables et

les chefs religieux tinrent une assemblée dans la caserne. Ils commencèrent par nous féliciter et nous remercier, nous, les quatre organisateurs de la défense; puis ils haranguèrent le peuple et déclarèrent que le Zeïtoun était maintenant gouverné, non par des Turcs, mais par des Arméniens et qu'il fallait leur obéir avec une discipline rigoureuse : « Frères, disaient-ils, montrons aux Turcs que nous sommes aussi disciplinés que braves et que nous méritons véritablement la liberté puisque nous pouvons nous gouverner. »

La nuit nous sommes allés en pèlerinage au couvent de Sourp-Asdvadsadsine. Les prêtres vinrent au-devant de nous tenant en mains des croix, des évangiles et des encensoirs, ils nous conduisirent dans l'église, ils posèrent sur l'autel les épées que nous avions prises aux officiers turcs et les bénirent. Le vieux vartabed Sahag les embrassait en bénissant; puis nous sommes sortis et passant au milieu de la foule qui attendait là pour nous acclamer, nous sommes allés nous reposer.

Quelques jours plus tard, le peuple revint à la caserne avec une nombreuse procession que précédaient les prêtres en costume de cérémonie.

Sur la demande du peuple, nous avons prié les prêtres de bénir toutes les parties de la caserne, puis nous avons dressé au faîte une grande croix d'argent au bout d'une perche, avec un grand drapeau aux couleurs nationales. Ainsi s'accomplissait la prophétique parole du Catholicos Meguerditch, qui avait posé, il y a seize ans, la première pierre de ce bâtiment : la caserne turque devenait une forteresse arménienne.

VI

LE GOUVERNEMENT PROVISOIRE.

Le lendemain, lundi 31 octobre, je suis descendu dans la ville et nous avons formé avec les princes le gouvernement provisoire qui se composait de deux assemblées :

1° L'assemblée générale qui avait quarante membres ;

2° L'assemblée administrative qui avait seize membres, tous appartenant aux familles princières.

Outre ces deux assemblées, nous avions aussi un conseil de guerre qui se composait de tous les chefs d'insurgés, sans distinction de classe ni de rang.

Nous convoquions tous les jours l'assemblée

administrative pour régler les questions du jour ; l'Assemblée générale n'était convoquée que pour les questions d'une certaine gravité. Le conseil de guerre ne se tenait qu'avant les combats ou les invasions.

Nous avons désigné des troupes de garde pour plusieurs endroits dans la ville et dans les villages. Nous avons aussi formé une troupe de cent cavaliers pour surveiller les limites lointaines de Zeïtoun, pour épier les mouvements de l'ennemi et pour arrêter leurs courriers ; le soir ils retournaient pour garder la caserne.

Nous avons permis à tous les officiers turcs et aux fonctionnaires de quitter le Zeïtoun et d'aller avec leurs familles où ils voulaient ; nous leur avons donné des passeports écrits en arménien pour que nos gens les laissent passer sans obstacle. Nous avions décidé de ne garder dans Zeïtoun que le colonel, le gouverneur et les soldats captifs, et nous nous sommes chargés de les nourrir à nos frais.

Une fois devenus maîtres de Zeïtoun, nous avons pensé à aller défendre nos frères des villages environnants opprimés et persécutés par les Turcs ; nous avons formé plusieurs bandes de combattants pour aller attaquer les villages turcs et les *seymen* qui se trouvaient aux environs.

Ces incursions nous étaient d'ailleurs nécessaires pour une autre raison : nous aurions pu ainsi, en pillant les dépôts du gouvernement dans les villages turcs, nous procurer des provisions, dont sans cela nous aurions manqué, car l'insurrection avait commencé avant la fin des vendanges et nos Zeïtouniotes n'avaient pu échanger leurs confitures et leurs raisins avec les blés des villages turcs et circassiens.

VII

COMBATS AUTOUR DE ZEÏTOUN.

Le 31 octobre, les Turcs de Déyirmen-Déré et de Goguisson s'étaient réunis dans le village de Tchoukour-Hissar et avaient décidé d'attaquer, le lendemain, le village arménien de Gantchi. Les Arméniens de Fournous avaient appris l'intention des Turcs, et cent cinquante d'entre eux étaient allés, conduits par le sous-gouverneur Kévork Belderian, les attaquer au cas où ils se refuseraient à accepter une capitulation. Les Turcs avaient repoussé cette proposition pacifique et dès le matin un combat acharné commença entre les Turcs et les Arméniens près de Tchoukour-Hissar. Le combat dura pendant quatre heures; les Arméniens avaient réussi à occuper une partie des maisons turques, auxquelles ils avaient mis le feu; jusque-là, ils n'avaient eu qu'un mort et quatre blessés, tandis que les Turcs avaient trente-sept morts; mais l'incendie s'étendait de plus en plus, et les Turcs s'étaient enfuis.

Une partie des fuyards, soixante-dix-sept personnes, tombèrent aux mains de nos combattants qui voulurent les amener comme captifs à Zeïtoun; mais en chemin, au moment où ils passaient près de Gantchi, là justement où cinq siècles auparavant, les musulmans avaient égorgé les soldats captifs de notre dernier roi Léon VI, ce souvenir douloureux les surexcita, et ils tuèrent leurs captifs. Mais ils avaient déjà conduit leurs femmes et leurs enfants à Androun sans leur faire aucun mal (1er novembre).

Le 27 octobre, le sous-gouverneur de Goguisson, le Circassien Méhemmed-Bek, s'était rendu avec les notables turcs aux villages arméniens, avec lesquels il avait fait une espèce de traité dans les conditions suivantes : 1° Si les Arméniens de ces villages ne s'unissaient pas aux Zeïtounotes, ils ne seraient pas attaqués par les Turcs ; 2° Si les Zeïtouniotes venaient attaquer les Turcs de ces parages, les Arméniens défendraient leurs voisins musulmans ; et si les soldats venaient attaquer les villages arméniens, les Turcs défendraient leurs voisins chrétiens. Lorsque nous avons envoyé des hommes au village de Dache-Olouk pour forcer les habitants turcs à se rendre, les Arméniens avaient, selon le traité, défendu leurs voisins turcs et avaient prié leurs compatriotes de ne pas leur toucher, puisque ceux-là voulaient bien rester en bons termes avec eux.

Mais, dans la nuit du 1er novembre, les soldats de Goguisson et d'Eridjek, prenant avec eux un grand nombre de cavaliers circassiens et de Turcs, attaquèrent les Arméniens de Dache-Olouk. Sous la conduite de Méhemmed-Bek, les habitants turcs, loin de protéger leurs voisins chrétiens, furent les premiers à les attaquer, lorsqu'ils virent l'arrivée des soldats. Les Arméniens, lâchement trahis, et trop peu nombreux pour résister contre tant de forces réunies, ne trouvèrent, pour se sauver du massacre, d'autre moyen que de s'enfuir vers Zeïtoun ; quelques vieillards et femmes malades, qui n'avaient pu fuir, furent outragés et massacrés par les Turcs.

Les Arméniens des autres villages de Goguisson

(Kiredj, Guëul-Pounar, Héïk, Déyirmen-Déré) suivirent l'exemple de Dache-Olouk. Nous avons placé tous ces fuyards dans les deux villages turcs de Zeïtoun, Tanour et Deunghel, dont les habitants s'étaient soumis à nous dès le premier jour de l'insurrection et qui se chargèrent de nourrir nos compatriotes.

Dans le hameau de Yarpouz, où se trouvaient cent cinquante maisons arméniennes, les Turcs avaient pillé les biens de nos compatriotes et enlevé leurs femmes. Ils avaient fait de même à Albisdan.

Le 5 novembre, de nouveaux bataillons arrivèrent et se concentrèrent sur deux points : 2,000 soldats à Eridjek, à quatre heures de distance de Zeïtoun vers le nord ; 8,000 soldats dans la plaine se trouvant près du Pont de Vartabed où 3,000 Turcs de Pertous s'étaient déjà réunis après le combat de Pertous-Tchaï. Tous ces soldats attendaient là pour empêcher nos combattants de marcher jusqu'à Marache, où les Turcs étaient en train de massacrer les Arméniens à leur aise.

De même à Nal-Tchéken, le nombre des soldats

avait considérablement augmenté. Ils avaient commencé à attaquer les villages arméniens se trouvant au sud d'Alabache ; les Arméniens avaient résisté pendant une semaine, mais leurs munitions s'étant épuisées, ils se retirèrent peu à peu à Zeïtoûn, sur le mont Chembek et autour de la forteresse de Gurédine.

Le 5 novembre, les Turcs de Béchen, auxquels nous n'avions jamais voulu toucher parce qu'ils étaient nos voisins, volèrent les mulets du prince Nazareth Yéni-Dunia. Déjà, avant ce vol, ils s'étaient plusieurs fois comportés en traîtres à notre égard ; ils étaient allés faire connaître nos mouvements aux soldats turcs et ils les avaient invités à passer le fleuve et à venir s'établir dans leur village. Une grande indignation s'éleva à Zeïtoun contre ces traîtres : nous avons formé une bande de quatre cents combattants et nous les avons envoyés pour chasser les Turcs de Béchen et pour repousser les soldats qui s'avançaient vers le sud d'Alabache. Le 7 novembre, à midi, nos combattants se mirent en route; cette fois-ci, nous avions choisi les plus braves.

Ils avaient réussi, sans rencontrer aucune résistance, à chasser les Turcs de Béchen ; puis ils avaient repoussé les soldats qui étaient en train d'incendier les villages d'Alabache. Cela répandit l'effroi parmi les ennemis qui n'osèrent plus passer le fleuve.

Depuis le 22 octobre, le chef turcoman Yayidj-Oghlou Zulfahar avait assiégé le village de Chivilgui avec 1,500 bachi-bozouks ; il voulait d'abord anéantir ce village dont les habitants renommés par leur bravoure le gênaient. Il était, d'ailleurs, amplement encouragé par le gouvernement. Avant d'avoir commencé ses attaques, Yayidj-Oghlou avait reçu du gouverneur de Marache, Abdul-Véhab-Pacha, une lettre qui, plus tard, tomba entre nos mains, et dont voici textuellement le contenu :

A Abaza-Zadé Dourdou-Bek et à Zulfahar-Zadé Yayidj-Agha,

Sachez que les bandits Zeïtouniotes vont faire des attaques dans vos parages ; vous devez prouver votre zèle à défendre notre religion. Vous nous aviez demandé des armes et des munitions ; vous devez savoir que le gouvernement se trouve en ce moment dans une situation très précaire ; faites une souscription et armez le peuple ; nous avons tout de même envoyé à Dourdou-Bek deux litres de poudre. L'ardeur religieuse est donc complètement morte dans le peuple? Nous croyons que le moment est arrivé de déployer l'étendard sacré.

Soixante-douze Arméniens de Chivilgui résistèrent vaillamment pendant seize jours au *seymen* de Yayidj-Oghlou et le repoussèrent trois fois. Le 8 novembre, ayant reçu un renfort de quelques centaines de cavaliers circassiens de Tchokhakh, Yayidj-Oghlou tenta une attaque décisive; les Arméniens résistèrent furieusement; et, lorsque de Fournous et de Davoudenk une centaine d'insurgés arméniens arrivèrent à leur secours, Turcs et Circassiens, sans même attendre leur approche, prirent la fuite et se dispersèrent. Après eux, les Turcs de Sisné s'enfuirent également et nous pûmes nous emparer de l'abondante provision de blé que le gouvernement avait dans ce village.

Depuis le 31 octobre, deux cents Turcs de Nédirli et de Kurtul avaient assiégé le village de Télémélik; trente-cinq villageois arméniens avaient résisté à leurs attaques et les avaient repoussés plus d'une fois.

Le 10 novembre, les ennemis ayant considérablement augmenté leur nombre, firent une attaque définitive sur Télémélik ; la situation des Arméniens était très périlleuse. Nous nous sommes empressés d'envoyer trente de nos meilleurs combattants qui allèrent à leur secours; en même temps, les combattants d'Alabache et de Mavénk, deux cent cinquante personnes en tout, conduits par Khatcher Kaïia et Hadji-Mardiros Chadalakian, arrivèrent pour les assister. Le combat dura cinq heures; les Turcs, vaincus, s'enfuirent jusqu'à Marache. Nos combattants plantèrent le drapeau insurrectionnel au milieu du Pont-de-Pierre de Djahan et continuèrent leur marche sur les villages de Kurtul et de Nédirli.

Le 13 novembre, nous avons envoyé à Gaban une bande de Zeïtouniotes; les villageois turcs rendirent leurs armes et se soumirent sans résistance. Seulement, les habitants de quinze maisons avaient pris la fuite, et tous appartenaient à la famille Abaza ; leurs chefs étaient Dourdou-Bek, Sullu-Agha et Murtaza-Agha. Nos insurgés pillèrent les maisons des fuyards, mais ils ne firent aucun mal à ceux qui s'étaient rendus. Les Turcs de Gaban acceptèrent non seulement de planter notre drapeau au-dessus de leur village, mais ils voulurent, de leur propre gré, se convertir au christianisme ; ils allaient, cinq fois par jour, prier à l'église, et allèrent même jusqu'à nous prier de les baptiser ; mais nous avons refusé d'accepter leur proposition ; nous nous sommes contentés de leur faire transporter à Zeïtoun les provisions de blé que le gouvernement avait à Gaban et à Boundouk.

VIII

PRISE D'ANDROUN.

Après sa défaite à Chivilgui, Yajidj-Oghlou s'était enfui à Androun et là, il avait, avec le consentement du gouverneur, mis en prison tous les habitants arméniens ; ils étaient au nombre de quatre cents, hommes, femmes et enfants, et il y avait parmi eux des hommes qui étaient dans les fonctions du gouvernement. Pendant onze jours on n'avait presque pas donné ni à manger ni à boire aux prisonniers.

Le peuple était très excité à Zeïtoun et voulait, le plus tôt possible, sauver ses frères torturés. Nous avons envoyé une quarantaine de cavaliers à Fournous, pour qu'ils y forment un *seymen* et qu'ils marchent sur Androun, conduits par le vartabed

Bartholoméos. Le vaillant vartabed sauta sur son cheval et s'écria : « Que ceux qui aiment le Christ viennent après moi. » Trois cent cinquante personnes le suivirent, dont cent étaient sans armes. Les Turcs avaient appris l'arrivée des Arméniens ; ils avaient formé un *seymen* avec trois mille soldats, gendarmes et bachi-bozouks, tous bien armés ; le *seymen* était conduit par le gouverneur et le juge d'Androun, et par les chefs Dourdou-Bek, Yayidj-Oghlou, Murtaza-Agha, Sullu-Agha, Hadji-Effendi et Youssouf-Tchavouche.

Ils s'étaient tous rangés derrière des barricades, à une heure de distance d'Androun, devant la forteresse d'Azdi, à l'entrée de la plaine et ils attendirent impatiemment l'arrivée des Arméniens. Ils avaient d'abord voulu égorger un à un tous les prisonniers de la ville ; mais le gouverneur, de peur que les soldats ne soient lassés par ce massacre, leur avait dit : « Ceux-là sont toujours à notre disposition ; nous pouvons les égorger quand nous voudrons ; tâchons d'abord d'écraser les insurgés. »

Le 15 novembre, le vendredi matin, le combat commença. Au point du jour, les Arméniens étaient arrivés à l'entrée de la plaine et s'étaient divisés en trois ; le vartabed Bartholoméos, à pied, et tirant son cheval derrière lui, passa à la tête d'une partie des fantassins et se mit à traverser un ravin en se dirigeant sur l'aile droite de l'ennemi, sans en être vu ; les autres fantassins se dirigèrent sur l'aile gauche, en passant sous la forteresse d'Azdi, cachés dans les broussailles ; les cavaliers, conduits par le prince Nichan Yéni-Dunia et Tcholakian Panos, s'élancèrent tout droit sur le centre de l'ennemi. Les Turcs commencèrent une vive fusillade, mais sans aucun succès. Au même moment, le vartabed Bartholoméos, étant arrivé tout près de l'ennemi, s'élança tout d'un coup en poussant des cris effrayants et commença l'attaque ; les autres fantassins firent la même chose à l'aile gauche. Les Turcs se virent cernés de toute part, et après une résistance de deux heures prirent la fuite. Les Arméniens les poursuivirent longtemps et en massacrèrent un grand nombre ; Bartholoméos, monté sur son coursier, donnait lui-même l'exemple à ses combattants; il empoignait les fuyards et les jetait à ses gens, en leur criant : « Revêtez-les de la chemise rouge, et que Dieu vous absolve ! » Ce jour-là, les Turcs avaient perdu quelques centaines de soldats, parmi lesquels se trouvaient leurs chefs Dourdou-Bek Abaza, Murtaza-Agha, Sullu-Agha, Hadji-Effendi et Youssouf-Tchavouche; c'est dans la poche de Dourdou-Bek que nos hommes avaient trouvé la lettre, ci-dessus mentionnée, du gouverneur de Marache. Le désir du vartabed c'était de capturer Yajidj-Oghlou et de l'amener à la caserne, mais le chef turcoman avait été le premier à prendre la fuite et d'aller se réfugier dans le district de Kars-Zulcadrié, où il avait raconté avec épouvante à ces coreligionnaires que les Arméniens avaient avec eux quelques milliers d'Européens; cette légende avait été créée par la présence d'un vieillard du nom de Mardiros, auquel nous avions donné un chapeau qu'il portait tout en conservant ses sabots et sa culotte de montagnard oriental.

Une fois les Turcs mis en déroute, la première chose que fit le vartabed, ce fut de courir à la prison pour en faire sortir les Arméniens. Ces pauvres gens, exténués de faim et de souffrance, étaient plongés dans un profond désespoir et croyaient que leur fin était arrivée; ils crurent rêver en voyant entrer dans la prison le vartabed Bartholoméos; plusieurs d'entre eux s'étaient jetés à ses pieds et embrassaient ses mains en pleurant.

En quelques instants, nos combattants firent sortir les prisonniers et les conduisirent tout droit à la boulangerie de la ville où on leur distribua les pains qui y étaient amassés pour les soldats turcs.

Les insurgés pillèrent toutes les maisons, le marché et le palais du gouvernement, puis mirent le feu à la ville. Vers le soir, surchargés de butin, ils retournèrent à Fournous et Gaban ; ils étaient accompagnés de tous les Arméniens sauvés à la prison d'Androun, et comme les femmes et les jeunes filles, très affaiblies, ne pouvaient pas marcher, les cavaliers étaient descendus de leurs chevaux et les y avaient fait monter, tandis que d'autres portaient les enfants sur leurs épaules.

IX

NOS INCURSIONS A YÉNIDJÉ-KALÉ ET LA DÉLIVRANCE
DES MISSIONNAIRES FRANCISCAINS.

Jusqu'au 17 novembre, notre troupe de combattants, composée en grande partie d'Alabachiotes, conduite par Khatcher-Kaïa et par Hadji-Mardiros Chadalakian, avait écrasé les grands *seymen* de Kurtul et de Nédirli, avait incendié ces villages et s'était approchée du village de Keuchirgué où les ennemis s'étaient concentrés ; le 17 novembre, les Arméniens réussirent à entrer dans ce village et à s'en rendre maîtres ; puis ils s'approchèrent du village de Kaïchli ; leur but était de détruire cette dernière position des ennemis pour pouvoir délivrer les Arméniens demeurant dans la commune de Yénidjé-Kalé, ainsi que les missionnaires franciscains qui, quelques jours auparavant, avaient envoyé un homme à Zeïtoun pour demander notre protection.

L'ordre des Franciscains de Terre-Sainte avait trois missionnaires et trois couvents dans la commune de Yénidjé-Kalé. Leur supérieur était le père Salvatore Lili, qui était né en Italie. Il demeurait toujours dans le couvent du village de Moudjik-Déré, il était aimé et respecté par le peuple pour sa bonté et sa douceur. Le père Emmanuel Trigo restait dans le couvent de Douncala, le père Emmanuel Garcia restait dans le couvent de Yénidjé-Kalé.

Après le massacre de Marache, le père Emmanuel Garcia avait pressenti le danger qui les menaçait, et il avait plusieurs fois écrit au gouverneur de Marache en le priant d'envoyer des soldats à Yénidjé-Kalé pour les défendre ou pour les conduire à Marache, mais le gouverneur n'avait jamais répondu.

Au contraire, les missionnaires franciscains avaient plusieurs fois entendu les paysans turcs se raconter entre eux que Cadir-Bek, à Marache, avait donné l'ordre aux gendarmes d'aller à Yénidjé-Kalé, en faire sortir les Franciscains, sous le prétexte de les conduire à Marache, de les assassiner en route. Ce tyran avait une haine personnelle qu'il nourrissait depuis longtemps contre les Franciscains, dont la présence dans ce district avait été depuis quinze ans un puissant obstacle aux invasions des tribus turcomanes. En outre, le peuple turc et le gouvernement étaient depuis quelque temps très excités contre les missionnaires américains ou européens qu'ils considéraient comme des semeurs d'idées révolutionnaires. Il y a trente ans, le gouvernement permettait volontiers à ces missionnaires de se répandre par toute l'Arménie et de convertir les Arméniens au protestantisme ou au catholicisme; il voyait là un excellent moyen de diviser les Arméniens et de jeter la discorde parmi eux; et, en effet, les premiers temps, des discordes éclatèrent parmi les Arméniens grégoriens, protestants et catholiques; le gouvernement, très satisfait, encourageait de plus en plus les missionnaires. Mais les écoles ouvertes par ces missions, ainsi que les écoles fondées par les sociétés arméniennes produisirent une jeunesse instruite, et alors tout changea; cette nouvelle génération, nourrie d'idées européennes, s'éleva au-dessus des divergences religieuses, et, unie dans un grand sentiment de fraternité nationale, tourna son attention contre les abus et les injustices du régime régnant. Ce mouvement causa une grande inquiétude au gouvernement, qui crut alors avoir commis une faute en laissant pénétrer les missionnaires en Arménie. J'ai entendu moi-même quelques hauts fonctionnaires turcs s'en plaindre : « Nous avons commis une grosse faute, disaient-ils, en laissant ces missionnaires se répandre en Arménie ; ils ont ouvert des écoles, ils ont éclairé le peuple et lui ont donné des idées subversives, et ils ont introduit avec eux l'intervention de leur gouvernement dans toutes les affaires intérieures du pays ; ils ont enchaîné notre liberté d'action. »

Le Père Salvatore avait déjà cessé de compter sur la protection du gouvernement ; il eut l'idée d'inviter Kutchuk-Agha, le maire du village turc de Kaïchli, à venir avec ses hommes défendre son couvent en échange d'une somme qui lui serait payée chaque jour.

Le samedi 16 novembre, l'après-midi, deux bataillons conduits par le colonel Mazhar-Bey, étaient venus camper entre Moudjik-Déré et Kaïchli, qui étaient à deux kilomètres de distance l'un de l'autre.

Le lundi 18 novembre, au point du jour, Mazhar-Bey s'était rendu, avec un détachement de soldats, au couvent de Moudjik-Déré, et les autres avaient assiégé le village. Le Père Salvatore était allé au-devant du colonel et l'avait prié de prendre tous ses biens mais d'épargner sa vie. Mazhar-Bey lui avait répondu : « Je suis venu prendre ta vie. » Sur ces mots, les soldats attaquèrent le Père Salvatore, lui déchirèrent la cuisse à coups de baïonnette (1), et, après l'avoir dépouillé de tout ce qu'il possédait, le traînèrent jusqu'au camp avec ses onze élèves arméniens catholiques, ses orphelins et ses domestiques.

Ensuite, les trompettes ont sonné, les réguliers et les bachi-bozouks ont attaqué le village, et se sont mis à massacrer, à piller et à incendier. Ordre leur était donné de ne pas laisser un seul

(1) Dans la brochure que j'ai publiée dernièrement, à Paris, sur l'assassinat du Père Salvatore, j'avais écrit que le Père Salvatore avait été tué dans le couvent, tandis qu'en vérité il y avait été seulement blessé; et il était mort plus loin ; j'avais suivi le récit des témoins qui étaient venus à Zeïtoun et qui nous avaient raconté l'événement de cette façon. M. de Vialar mentionne dans son rapport cette version inexacte dans les lignes suivantes :

« Quelques témoins qui ont assisté à cette scène ont cru que le P. Salvatore avait été tué ce jour-là. Réfugiés plus tard à Zeïtoun, ils y annoncèrent que le P. Salvatore avait été tué à coups de baïonnettes dans son couvent. C'était une erreur. Ce jour-là il n'avait été que blessé; il ne fut tué que quelques jours après. » (Voir *Livre Jaune* de 1893-1897 page 253.)

Arménien; ils comptaient faire la même chose à Yénidjé-Kalé, et en supprimant ainsi tous les témoins du crime, ils pensaient attribuer le meurtre des missionnaires aux Zeïtouniotes (1). Heureusement, quelques jeunes Arméniens avaient réussi à s'enfuir à Yénidjé-Kalé, et annoncer aux deux autres missionnaires le crime commis à Moudjik-Déré.

Les deux missionnaires s'étaient réunis dans le couvent de Yénidjé-Kalé, ayant avec eux un frère lai qui venait d'arriver de l'Espagne ainsi que tous les paysans arméniens; ils attendaient la mort. Mais quelques Arméniens avaient pu arriver près de la troupe des combattants d'Alabache et l'avaient averti du danger qui menaçait les habitants de Yénidjé-Kalé. Nos combattants changèrent de route et se dirigèrent vers Yénidjé-Kalé. Vingt-deux Zeïtouniotes d'entre eux y sont arri-

---

(1) Le passage suivant, du colonel de Vialar, confirme ce que je viens d'avancer : « Cette enquête a été faite, mais elle a été conduite avec peu de précision ; j'ai eu à lutter pour arriver à faire poser des questions toutes naturelles ; mes collègues ottomans me tenaient en état de quarantaine morale ; je n'existais pour eux qu'à l'heure de l'instruction et des repas. Tous ces signes permettent de penser que certains membres au moins de la commission étaient désireux d'obscurcir la vérité, de disculper les troupes du massacre commis par elles, et d'en rejeter la responsabilité, autant que possible, sur d'autres, sur des Zeïtounlis ou des bachi-bozouks. » (Voir *Livre Jaune*, 1893-1897, page 252.)

vés les premiers, avant que les soldats aient quitté Moudjik-Déré. Ils se sont dirigés vers le couvent, en ont fait sortir les missionnaires, avec leurs professeurs, leurs élèves et leurs domestiques, et se sont dépêchés de les conduire jusqu'à Fournous où ils sont arrivés le lendemain. Ils y ont trouvé un accueil cordial de la part du supérieur, le vartabed Bartholoméos. Le jour suivant, ils sont venus à Zeïtoun, où nous les avons établis dans l'église des Arméniens catholiques.

Après le départ des missionnaires, les paysans turcs de Yénidjé-Kalé se sont rués dans le couvent et se sont mis à le piller. Un peu après Mazhar-Bey y arriva avec ses soldats; ceux-ci se préparèrent à massacrer les Arméniens du village, lorsque nos combattants se découvrirent, attaquèrent les Turcs; la position qu'occupaient ceux-ci était très avantageuse; mais peu après, soixante-douze Arméniens de Zeïtoun et de Fournous, ayant à leur tête le vartabed Bartholoméos, Kévork Belderian, Panos Cham-Kécichian, Tcholakian et Hratchia, arrivèrent de Gaban, par le chemin d'Androun, cernèrent les ennemis et les attaquèrent; le combat dura jusqu'au soir; les ennemis se retirèrent à Kaïchli après avoir laissé quarante morts, plusieurs blessés et des chevaux (1). Après la fuite des Turcs, nos combattants firent sortir de leurs cachettes les Arméniens de Yénidjé-Kalé, et les envoyèrent à Fournous; eux-mêmes se retirèrent vers Nédirli n'ayant plus de munitions pour continuer le combat.

Le 22 novembre, Mazhar-Bey partit avec ses bataillons à Marache, après avoir incendié les couvents des missionnaires et les villages arméniens; ils avaient avec eux le Père Salvatore; lorsqu'ils ont passé la rivière du Kursul, les soldats ont sommé le père Salvatore d'embrasser l'islamisme, et lorsqu'il a refusé, Mazhar-Bey a donné l'ordre à ses soldats de le tuer avec ceux qui l'accompagnaient, puis de les brûler.

Cinq jours plus tard, quelques nouveaux bataillons arrivèrent de Marache, et nos combattants furent forcés de se retirer à Alabache.

(1) Voici le passage où M. de Vialar raconte ce combat : « Une bande d'insurgés de Zeïtoun, de Fernez, de Guében, etc., opérait dans la région. Mazhar Bey dut se porter à sa rencontre avec une partie de son contingent, et il eut avec elle quelques engagements près de Buyuk-Keuy. Bien que très supérieur en nombre, malgré un armement supérieur, l'avantage ne lui resta pas. Nous en trouvons le témoignage dans les dépositions mêmes de ses deux bimbachis (majors) et nous apprenons d'eux que, laissant au feu les troupes avec lesquelles il était parti, il retourna au camp de sa personne, sous le prétexte d'y chercher du secours en hommes et en munitions.

« — Les malfaiteurs se sont précipités sur nous, nous ont *cernés* et j'ai été blessé au pied », dit le guide Ahmed ben Hussein. » (Voir *Livre Jaune*, 1893-1897, page 254.)

X

COMBATS A GABAN.

Le 18 novembre, arrivèrent à Androun, par le chemin d'Adana, 6,000 Zeïbeks smyrniotes, ayant à leur tête le colonel Ali-Bey, fils de Kel-Hassan-Pacha; cet homme était renommé parmi les paysans turcs pour sa bravoure. Il reconstitua le *seymen* dispersé de Yayidj-Oglou, et campa dans les ruines de Sisné.

Le 17 novembre, notre ami Abah, accompagné de quelques combattants, se rendit à Gaban pour former un grand *seymen* et continuer le combat; en y arrivant, il avait vu que les combattants de Zeïtoun et de Fournous, qui s'y trouvaient auparavant, étaient partis à Yénidjé-Kalé pour délivrer les missionnaires franciscains; il se trouva donc tout seul avec ses quelques combattants.

Profitant de cette occasion, les Turcs de Gaban qui jusque-là avaient continué à aller prier dans l'église arménienne, vont voir secrètement le colonel Ali-Bey et lui disent : « C'est juste le moment d'attaquer Gaban ; il ne reste plus de Zeïtouniotes ici, excepté l'un des *généraux* (1) européens avec ses quelques combattants. »

Le mardi 19 novembre, vers le soir, Ali-Bey commence à assiéger la plaine de Gaban de toutes parts : il envoie un homme à Abah pour lui dire qu'il sera massacré avec ses amis, s'ils ne se rendent pas. Notre vaillant camarade répond froidement à l'envoyé : « Va dire à ton maître que je suis prêt à résister. »

Sur cette fière réponse, une bande de cavaliers circassiens s'avancent jusqu'au pied du village, et veulent emporter les bestiaux des habitants ; quelques cavaliers arméniens se battent avec eux, en tuent quelques-uns et repoussent les autres.

Et cependant, il y avait trop peu de forces du côté des Arméniens à Gaban ; les habitants du village étaient presque tous sans armes ; et Ali-Bey

---

(1) Ils prenaient Abah pour un général européen.

avait avec lui 8,000 soldats et bachi-bozouks. Abah divise en quelques groupes les habitants de Gaban, les place sur les passages principaux, puis il envoie des hommes à Fournous, à Yénidjé-Kalé et à Zeïtoun, pour que les compagnons arrivent à leur aide. Mais les ennemis s'étaient déjà avancés dans le village turc, les gens de Gaban, découragés et effrayés, s'enfuient dans les montagnes. Abah reste seul avec quatorze Zeïtouniotes et une jeune fille de Gaban, du nom de Doudou, armée jusqu'aux dents.

Abah décide de se battre jusqu'à la fin; il comprend que s'il se retire, toute la population du village sera massacrée; il veut distraire les ennemis pour donner le temps aux villageois de s'enfuir.

Au matin (19 novembre), les ennemis attaquèrent le village de Gaban. Abah et ses compagnons se trouvaient postés à l'entrée de l'unique défilé de Gaban qui monte de la plaine et s'élève jusqu'à une hauteur d'un kilomètre; pour arriver à nos combattants, les Turcs devaient passer deux à deux dans ce défilé étroit et rocheux. Les nôtres étaient armés de fusils Martini et possédaient des munitions en grande quantité; ils se tenaient à l'entrée prêts à frapper tous ceux qui oseraient s'avancer; et en effet, lorsque l'attaque commença, ils tuèrent dans quelques instants, plusieurs dizaines de soldats, sans avoir eux-mêmes un seul blessé. Ali-Bey comprit l'impossibilité de pénétrer dans le défilé, et envoya quelques bataillons qui allèrent faire le tour de la montagne, et au bout de quatre heures vinrent assiéger nos camarades par derrière. Mais pendant ces quatre heures, les habitants de Gaban avaient eu le temps de s'enfuir à Fournous, en passant par des sentiers cachés; c'est seulement alors qu'Abah et ses combattants se retirèrent par le même sentier et entrèrent à Zeïtoun.

Les soldats, furieux de ne trouver personne, pillèrent le village, puis y mirent le feu. Ils tuèrent les quelques vieillards, femmes et enfants, qui n'ayant pu fuir, étaient restés dans le village; ils lancèrent les vieilles femmes dans les précipices et ils broyèrent les enfants contre les rochers.

Les Arméniens de Boundouc, de Davoudenk, de Chivilgui et de Sisné suivirent l'exemple de ceux de Gaban et se réfugièrent à Zeïtoun. Le nombre des réfugiés atteignit 15,000 à Fournous et à Zeïtoun; et ces deux localités devinrent les deux centres principaux de l'insurrection.

LES RÉFUGIÉS A ZEITOUN (D'après un dessin du *Daily Graphic* de Londres).

Après Gaban, les soldats d'Ali-Bey occupèrent le village de Boundouc ; mais ce jour-là même (20 novembre) les combatttants zeïtouniotes qui de Yénidjé-Kalé marchaient vers Gaban pour aller au secours des habitants de ce village, arrivèrent à Boundouc où ils eurent une rencontre avec les soldats ; le combat dura une demi-heure, les Turcs furent battus et se retirèrent à Sisné. Les insurgés ramassèrent une grande quantité de blé et retournèrent à Zeïtoun.

Pour punir les Turcs de Gaban de leur lâche trahison, nous avons formé à Zeïtoun un bataillon de combattants, à la tête duquel passèrent plusieurs jeunes princes et nos camarades Abah et Hratchia. Ce bataillon partit le 22 novembre ; en quittant le Zeïtoun il se composait de 450 personnes, le nombre s'en éleva jusqu'à 1,200 lorsqu'il arriva à Gantchi.

Ils entrèrent soudainement dans le village turc de Gaban ; les habitants, sans opposer aucune résistance, sortirent dans la plaine pour s'enfuir au camp d'Ali-Bey. Les cavaliers zeïtouniotes les poursuivirent et en tuèrent la plus grande partie ; puis nos combattants entrèrent dans le village, le pillèrent et retournèrent à Zeïtoun.

XI

LA COMMISSION ENVOYÉE PAR REMZI-PACHA.

Après nos combats à Gaban, nous avons cessé pour quelque temps nos incursions à cause de l'hiver qui était devenu rigoureux et parce que nous avions besoin de fortifier les deux centres de l'insurrection ; nous envoyions seulement des bandes de chasseurs qui allaient tous les jours surveiller les environs à une assez grande distance. Nous avions à Zeïtoun et Fournous une provision de blé qui aurait suffi pendant une année au besoin des insurgés ; mais il y avait les quinze mille réfugiés qu'il fallait nourrir aussi ; il était évident que la famine nous attendait dans quelques mois si nous n'avions pas recours à de nouveaux moyens d'approvisionnement. De même, le sel qui se trouvait à Zeïtoun et Fournous était insuffisant ; ce souci fut dissipé pour quelque temps lorsque nos gens eurent découvert une source salée dans les montagnes.

Avec les réfugiés, nous avions aussi les six cents prisonniers turcs que nous devions nourrir, comme nous l'avions fait jusque-là. Nous fûmes obligés de prier le colonel captif d'écrire au commandant militaire de Marache pour qu'il envoie des vivres aux soldats turcs. Voici la lettre que le colonel écrivit au commandant, je la traduis textuellement :

« A Son Excellence le commandant général Moustapha-Remzi-Pacha.

« La prière de votre serviteur est ceci :

« Quoique je me porte fort bien et que je me trouve en toute sécurité, je dois constater que la situation des soldats prisonniers est devenue très pénible ; jusqu'à présent les Zeïtouniotes les ont humainement traités, mais un grand nombre de réfugiés arméniens étant venus ici, ils sont maintenant obligés de les nourrir aussi.

« Aujourd'hui, le *général baron* m'ordonna d'écrire à votre Excellence que si vous voulez bien envoyer des vivres au moyen de muletiers arméniens jusqu'au Pont de Pierre, les sentinelles zeïtouniotes les transporteront ici et les distribueront aux soldats. Il dépend de vous de donner votre décision. »

« Colonel EFFET-BEY.

« 27 Techrini-Sani, 1311. »

Nous avons envoyé cette lettre à Marache au moyen de deux soldats prisonniers. J'ai appris plus tard par un témoin que Remzi-Pacha, après avoir lu cette lettre, avait crié devant les soldats eux-mêmes : « Otez-vous de ma vue, imbéciles ; il y a longtemps que le gouvernement vous compte déjà comme perdus. » (1)

Le 27 novembre, nos chasseurs arrêtèrent cinq personnes dans les ruines de Béchen; tous les cinq portaient des costumes européens et étaient montés à cheval. En voyant des insurgés ils avaient élevé un drapeau blanc et s'étaient mis à chanter un hymne d'église arménien. C'étaient des notables de Marache que Moustapha-Remzi-Pacha avait fait sortir de prison où ils gémissaient depuis des semaines, et qu'il avait forcés de se rendre à Zeïtoun pour communiquer aux insurgés ses ordres et ses menaces. C'étaient le prêtre Tor-Oghli et les no-

---

(1) Les journaux de Constantinople et les dépêches envoyées en Europe avaient annoncé en ce moment que le Sultan avait donné l'ordre d'envoyer des vivres aux soldats prisonniers ; ce n'était là qu'un mensonge.

tables Artin Mouradian, Hovsep Diche-Tchékénian, Bédros Salatian et Gosdan Der-Ohannessian.

Nous les avons conduits directement à la caserne ; ils portaient avec eux un papier sans signature et sans date, et qui contenait les conditions suivantes posées par le gouvernement :

« Le gouvernement impérial pardonnera aux Zeïtouniotes :

« 1° S'ils livrent les fauteurs et les chefs d'insurgés ;

« 2° S'ils rendent leurs armes au gouvernement ;

« 3° S'ils restituent les canons, les fusils et les biens pris dans la caserne, et s'ils y réinstallent les soldats. »

Nous avons compris que c'était là un piège et nous avons enfermé les cinq délégués dans deux chambres de la caserne. Ceux-ci eurent beau nous énumérer les menaces de Remzi-Pacha, selon lesquelles 80,000 réguliers et un grand nombre de bachi-bozouks viendraient avec treize canons et des munitions en quantité pour détruire définitivement le Zeïtoun ; nous avons continué à rester fermes dans notre décision, et quelques vieux Zeïtouniotes ont montré aux délégués timides la neige qui s'accumulait autour de Zeïtoun et leur ont répondu : « Voici la blanche armée de Dieu qui commence à nous cerner pour nous défendre ; elle sera la tombe des innombrables soldats dont vous parlez ». Ces notables devaient rentrer à Marache ; au bout de trois jours nous avons décidé de les garder. Puis nous avons envoyé à Remzi-Pacha, la réponse suivante au moyen de trente-deux soldats :

« Au gouvernement de Marache,

« Dans les ruines de Béchen, nous avons arrêté les cinq espions arméniens que vous avez envoyés et nous les avons emprisonnés dans la caserne.
« Ils seront jugés dans quelques jours et ils recevront la punition qui leur sera destinée.

« AGHASSI.

« Zeïtoun, 7 décembre 1895. »

Quelques jours plus tard, Abah et Hratchia partirent à Fournous pour surveiller le peuple et pour régler la question du blé. De notre côté nous nous mîmes à fortifier nos positions à Zeïtoun ; nous avons ouvert sur les murs du sud, est et ouest de la caserne un grand nombre de trous à fusil. Nous avons fait fermer les grandes portes, nous en avons ouvert une petite du côté du nord, nous avons creusé devant elle un fossé conduisant au petit ravin qui descend vers la ville de Zeïtoun. Nous avons envoyé les réfugiés dans la ville et nous avons fait démolir la plus grande partie des maisons environnant la caserne pour qu'elles ne nous empêchent pas de voir l'arrivée des ennemis.

XII

L'ARMÉE DE REMZI-PACHA.

Le lundi 9 décembre, il fut décidé que les princes et les notables de Zeïtoun iraient eux-mêmes guetter l'armée des ennemis qui se trouvait près du Pont de Vartabed ; 22 hommes furent choisis et j'étais dans le nombre. Nous sommes arrivés le soir sur la colline du village de Vartanenk, qui se trouve juste au-dessus du Pont de Vartabed. En face de la colline, l'armée s'était étendue dans les champs, que blanchissaient quelques milliers de tentes.

La distance qui nous séparait de l'ennemi était à peine de 1,200 mètres. Nous nous sommes mis à examiner le camp au moyen des longues-vues. Au bout de quelques minutes ils nous aperçurent, et presque aussitôt ils tirèrent sur nous quelques boulets de canon ; les boulets passèrent au-dessus de nous sans nous toucher ; cachés derrière les buissons, nous nous sommes mis à tirer sur les soldats, ils nous répondirent par des boulets qui passèrent encore sans nous faire de mal. Au bout d'une heure de combat, une averse se mit à tomber et nous rentrâmes à Zeïtoun. Nous avions vu ce qu'il nous fallait : les soldats avaient des canons, ils ne tarderaient donc pas à marcher sur Zeïtoun.

Le soir même, nous avons convoqué l'assemblée générale dans l'église de Sourp-Asdvadsadsine, pour délibérer sur les mesures à prendre et sur les préparatifs de défense. Nous avons fortifié nos positions, nous avons divisé nos combattants sur plusieurs points et nous avons envoyé des éclaireurs pour guetter le mouvement de l'armée. Nous étions tous décidés à résister jusqu'à la mort.

Je dirai d'avance combien de forces avait l'armée turque qui marchait sur Zeïtoun sous le commandement général de Moustafa-Remzi-Pacha.

Selon le dire des habitants turcs et arméniens, cette armée était composée de 115,000 réguliers et bachi-bozouks ; ce chiffre est certainement exagéré ; je crois que l'armée avait soixante mille hommes, dont trente mille étaient des réguliers et les autres des bachi-bozouks, turcs, turcomans, tcherkesses, zeïbeks, kurdes et arabes, tous armés de fusils Martini (1).

L'armée avait treize canons de montagne.

(1) D'après le rapport de M. de Vialar, l'armée de Remzi-Pacha se composait de 50,000 soldats et bachi-bouzouks. (Voir le supplément du *Livre jaune*, 1895-1896, p. 85.)

XIII

LE COMBAT DE FOURNOUS.

Le 12 novembre, les insurgés de Fournous formèrent un *seymen* de 250 personnes et se mirent en route pour une seconde incursion dans les parages de Nédirli. Malheureusement le lendemain leurs éclaireurs vinrent avertir ceux qui restaient à Fournous que l'armée turque de Sisné, composée de 8,000 Zeïbeks, et commandée par Ali-Bey, avait occupé Gantchi et marchait sur Fournous. Une autre division, composée de réguliers et de bachi-bozouks, avançait par le Pont-de-Pierre et par le chemin de Seg, vers Fournous.

Nos camarades Abah et Hratchia qui se trouvaient à Fournous, s'étaient empressés de demander des secours à Zeïtoun et de rappeler le *sey-*

men partant pour Nédirli. Abah était allé avec quarante-cinq combattants défendre le défilé de Ghessek contre Ali-Bey ; Hratchia s'était rendu aux collines d'Aghali, pour résister à l'autre division. Vers le soir, Hratchia avait [déjà commencé le combat avec l'avant-garde des troupes turques et il l'avait repoussée ; la nuit, le *seymen* rappelé était arrivé et s'était uni à cette bande.

De Zeïtoun, nous avons envoyé soixante-dix combattants (14 décembre), auxquels s'étaient rejoints en chemin les réfugiés arméniens des villages Kiredj et Déyirmen-Déré. Au matin, les éclaireurs de Vartanenk vinrent nous annoncer que la grande armée de Remzi-Pacha avait quitté les tentes et que les cavaliers de l'avant-garde, ayant déjà passé le pont, marchaient sur Zeïtoun.

Les soixante-dix combattants que nous avions envoyés à Fournous, avaient rencontré près de Tékir un *seymen* de Circassiens et leur avaient livré un combat furieux ; les Circassiens, battus, s'étaient mis en fuite, mais nos combattants n'avaient pas continué leur chemin, ayant appris que Fournous était pris par les Turcs.

Le samedi (14 décembre), Ali-Bey, voyant qu'il était impossible de pénétrer dans le défilé de

Ghessek, change de plan et s'avance du côté du couvent Sourp-Garabed, pour descendre par les montagnes.

Abah, le vartabed Bartholoméos et Hadji-Mardiros Chadalakian s'élancent avec soixante combattants sur les hauteurs et commencent une résistance acharnée.

Les soldats, arrivant du côté de Seg, commencent en même temps à attaquer la bande de Hratchia; ils avaient un canon avec eux. Nos insurgés résistent jusqu'à midi et font périr quelques centaines de soldats, mais les munitions finissant par manquer, ils se retirent jusqu'à Fournous et se réfugient au-dessus du village dans les rochers. Ils avaient d'avance détruit le pont de la rivière de Fournous; les soldats n'osent pas passer l'eau ce jour-là; ils se rangent en face du village et commencent à y faire pleuvoir des balles et des boulets.

Abah et ses combattants résistent pendant dix heures aux soldats d'Ali-Bey, qui perdent 250 personnes et ont un grand nombre de blessés. Lorsque les munitions son épuisées, nos camarades battent en retraite jusqu'au couvent Sourp-Garabed. Là, ils se trouvent entre les deux feux de l'ennemi ; du nord et du sud, ils sont vivement attaqués. Ils voient qu'il leur est impossible ni d'entrer dans le couvent ni de descendre à Fournous. La panique commence ; tous se mettent à fuir, descendent dans la vallée se trouvant devant le village pour se réfugier à Zeïtoun. Les Turcs les cernent de loin et en tuent quelques centaines, qui étaient pour la plupart des femmes, des vieillards et des enfants ; les autres rebroussent chemin et rentrent à Fournous.

Abah, resté seul près du couvent, rencontre le vartabed Bartholoméos ; tous les deux montent à cheval, s'élancent du côté de l'est, passent à travers les vignes, descendent par les collines ; ils traversent l'endroit où les Turcs fusillaient les réfugiés, et bien que plusieurs fusils soient dirigés contre eux, aucune balle ne les atteint ; ils s'avancent toujours, ils réussissent à déchirer la chaîne des soldats et ne se reposent que lorsqu'ils arrivent à une heure de distance de Fournous, loin de tous dangers.

Après la fuite des insurgés, les soldats s'avancèrent, occupèrent le couvent Sourp-Garabed et le brûlèrent.

Abah rencontra, à l'endroit où il s'était reposé

la bande de Zeïtouniotes qui, après avoir repoussé les Circassiens près de Tékir, retournaient à Zeïtoun ; il leur avait dit de s'arrêter avec lui et avait envoyé, la nuit, un messager à Fournous pour avertir les Arméniens qui y restaient encore, que les soldats s'étaient retirés et qu'ils pouvaient s'enfuir à Zeïtoun en passant la rivière et qu'eux-mêmes étaient là à veiller sur les chemins. Les Arméniens, restant à Fournous, quittèrent le village en grande partie et purent aller sans danger jusqu'à Zeïtoun.

Un autre héros, avait également réussi à franchir la chaîne militaire et à arriver jusqu'à Zeïtoun. C'était le maire du village Mavenk, Mardiros Chadalakian ; il avait été grièvement blessé ce jour-là dans la mêlée, mais ses compagnons d'armes l'avaient vu continuer à se battre en criant : « Ça n'a pas d'importance, ma blessure ! continuez, mes enfants ! » Et c'est tout saignant qu'il a traversé les troupes turques en poussant son cheval au galop. Au bout de deux jours, il mourut. C'était un homme d'une grande énergie et d'un admirable dévouement ; il avait été à l'école, et il passait pour un homme instruit ; il était estimé, admiré et aimé dans tout le district. Sa maison avait toujours été un refuge pour les pauvres et pour les persécutés ; à notre appel de préparer une résistance contre les massacres, il fut un des premiers à s'écrier : « Je suis prêt à sacrifier mes biens et ma vie pour défendre mon peuple. »

Quelques milliers des habitants de Fournous, la plupart ayant des armes, avaient pris quelques provisions avec eux et étaient montés sur la montagne se trouvant derrière Fournous et dans les cavernes de Ghessek. Les soldats d'Ali-Bey n'avaient pas encore pu, jusqu'au dimanche à midi (15 décembre), entrer dans Fournous ; les Arméniens tiraient sur eux et roulaient des fragments de rocs ; ils continuèrent jusqu'à ce que leurs munitions fussent épuisées. Alors les ennemis entrèrent dans le village et se mirent à le piller, puis ils l'incendièrent.

Des milliers de soldats se répandirent sur les montagnes à la poursuite des fuyards ; à quelques endroits, ils rencontrèrent encore une résistance ; mais ils avaient capturé près de cinq cents femmes dont ils violèrent la plupart sur les lieux mêmes, et dont une partie fut emmenée par les Circassiens dans leurs harems, et une grande partie à Marache ; en passant le Pont-de-

Pierre, une cinquantaine de ces femmes s'étaient jetées à l'eau pour ne pas embrasser l'islamisme. D'autres s'étaient précipitées par les rochers et d'autres préférèrent être déchirées par les soldats que de devenir turques.

Les soldats d'Ali-Bey, après avoir passé trois jours à chercher des Arméniens dans les montagnes de Fournous, se dirigèrent vers Zeïtoun. Trois mille Arméniens restaient encore dans ces montagnes et, avec eux, se trouvait Hratchia qui ne rentra à Zeïtoun que le 7 janvier 1896.

Ces quelques milliers d'insurgés attaquèrent deux fois (22 et 27 décembre) les soldats qui apportaient des provisions à la grande armée, qui était déjà à Zeïtoun. Ils les avaient pillés et cela leur avait permis de vivre quelque temps.

XIV

LE SIÈGE DE ZEÏTOUN ET LE COMBAT DE QUARANTE-SEPT JOURS.

Lorsque le samedi, 14 décembre, les éclaireurs de Vartanenk vinrent nous avertir que la grande armée turque marchait sur Zeïtoun, nous fûmes obligés d'oublier Fournous et de ne penser qu'à notre ville. La première chose que nous avons faite, ce fut d'assurer la ville contre le danger d'incendie. Nous avons réuni tous les Turcs Hadjilar et nous les avons enfermés dans la forteresse des Sourénian ; de même, nous avons augmenté le nombre des gardes qui surveillaient les prisonniers.

Puis les jeunes princes des quatre quartiers sortirent de la ville avec leurs troupes de combattants et se postèrent à l'entrée des passages qu'ils devaient défendre. Quant à moi, je suis allé avec quelques princes et deux cents combattants, au couvent de Sourp-Perguitche, que nous nous sommes chargés de défendre.

A midi, l'armée ottomane se découvrit à notre vue ; elle campa à l'extrémité méridionale de la plaine de Tchermouk, sur les collines de terre nommées Akh-Vakh. Au moment où l'on dressait les tentes, cinq cents cavaliers se détachèrent de l'armée, traversèrent les vallées de Tchermouk et se dirigèrent vers le village Avakenk ; deux milles Turcs de Béchen et de Pertous se mirent en même temps à monter vers le couvent de Sourp-Perguitche. Ils avaient l'intention de s'emparer du premier coup du couvent et des villages environnants, qui seraient pour eux de bons abris par cette saison rigoureuse.

Les insurgés de Boz-Baïr et de Gargalar, réunis dans le village Avakenk, résistèrent aux cavaliers par une vive fusillade et les forcèrent, au bout d'une demi-heure, à se retirer.

Les deux mille Turcs, après avoir passé la vallée de Tchermouk, se divisèrent en trois et tâchèrent de cerner le couvent où nous nous trouvions.

Nous nous sommes mis tous à tirer furieusement et, comme en une heure, ils avaient déjà trente morts, ils se retirèrent.

Après ce premier insuccès, Remzi-Pacha redoubla les forces envoyées ; une seconde fois, nous avons repoussé l'attaque.

Vers le soir, les ennemis nous attaquèrent une troisième fois. A peine les cavaliers s'étaient-ils avancés, qu'ils perdirent quelques-uns de leurs officiers, et alors, découragés, effrayés, ils s'enfuirent jusqu'au quartier général.

Immédiatement après leur fuite, ce furent les fantassins qui arrivèrent et nous attaquèrent; de suite, des dizaines d'entre eux tombèrent, mais les autres ne s'enfuirent pas ; d'un autre côté, près de deux mille soldats étaient secrètement passés derrière le couvent et nous attaquèrent par là. Le combat dura jusqu'au coucher du soleil ; les boulets ébranlaient les murs des maisons et détruisaient peu à peu nos barricades ; nous étions dans une situation très périlleuse ; nous nous sommes vus forcés de quitter le couvent. Nous traversâmes la chaîne de soldats se trouvant derrière le couvent et nous avançant au milieu des balles, nous nous réfugiâmes dans le village Kalousdenk.

Nos combattants, au moment de s'enfuir, avaient mis le feu aux maisons, laissant seulement le couvent; mais les soldats s'empressèrent de l'incendier tout de suite après notre départ. Les Turcs s'efforcèrent d'avancer jusqu'au village de Kalousdenk, mais nous les avons repoussés par une forte résistance.

La nuit arrivée, le combat cessa; tout se tut. La terre était couverte de neige. Nous étions obligés de passer la nuit en plein air à surveiller les passages.

A Zeïtoun, des enfants jusqu'aux vieillards tout le monde était en train de se préparer à la défense; les pères de familles et les fils combattaient, les jeunes filles et les petits enfants transportaient des provisions, les mères et les épouses pétrissaient du pain. Depuis le matin, toutes les femmes s'étaient habillées de haillons noirs et se promenaient en longues processions d'églises à églises, priaient et chantaient, et elles encourageaient les hommes par des paroles ardentes: « Nous forcerons Dieu, disaient-elles, à empêcher les ennemis d'entrer dans notre ville. »

La nuit, nous avons encore une fois réuni l'assemblée générale et nous avons décidé que le lendemain tous les princes monteraient à cheval et que le peuple tout entier, depuis l'enfant de quinze ans jusqu'au vieillard de soixante ans, les suivrait pour résister à l'armée ennemie.

Le 15 décembre, le dimanche matin, la foule se dirigea vers la caserne ; elle était précédée des prêtres de Zeïtoun qui s'étaient revêtus de leurs costumes de cérémonie et portaient l'image miraculeuse du Khatch-Alem ; les femmes les accompagnaient toujours avec leurs haillons noirs ; tous chantaient un hymne de pénitence ; la procession s'arrêta devant la caserne ; tous avaient déjà pris la sainte communion ; le prêtre prononça la prière d'absolution. C'est en ce moment que je suis sorti de la caserne avec quelques combattants qui conduisaient deux mulets chargés d'un canon ; nous nous sommes dirigés vers l'endroit où nous devions nous battre : la foule des insurgés nous suivit. Les femmes adressaient des paroles ranimantes aux combattants, elles leurs chantaient des chansons de gloire. A huit heures du matin, nous sommes arrivés sur les montagnes d'Ak-Dagh où nous avons trouvé un grand nombre d'insurgés qui s'y trouvaient depuis la veille.

Nous nous sommes divisés en cinq parties et nous nous sommes postés sur les points principaux vers lesquels se dirigeait l'ennemi.

A neuf heures, les trompettes se mirent à sonner et les soldats s'avancèrent vers nous de trois côtés; ils avaient l'intention d'occuper les sommets des montagnes pour ne pas être cernés par nous et pour pouvoir fuir dans le cas d'un échec.

Trois colonnes de soldats montaient derrière le couvent de Sourp-Perguitche; deux de ces colonnes s'arrêtèrent en face d'Avaz-Guédouk, la troisième passa derrière les collines d'Atlek-Dagh pour rejoindre 8,000 soldats qui se trouvaient là, récemment arrivés d'Eridjek.

Peu après, d'autres colonnes encore s'avancèrent par le même chemin, puis tournant sur le nord, ils se dirigèrent vers le défilé de Santough. Une troisième et grande colonne passa devant le couvent et marcha sur le village de Kalousdenk.

A onze heures, les soldats attaquèrent en même temps les trois points ci-dessus mentionnés. Nos combattants d'Avaz-Guédouk résistèrent pendant une heure et demie et repoussèrent deux fois les attaquants qui subirent des pertes considérables.

Les insurgés postés à Santough repoussèrent trois fois les soldats qui les attaquaient. Dans le village Kalousdenk, les insurgés résistèrent pendant une heure à la grande colonne qui était composée de 10,000 soldats, mais à la fin ils furent obligés de mettre le feu aux maisons et de rejoindre leurs frères de Santough.

Les combattants d'Avaz-Guédouk, après avoir repoussé les soldats, se préparaient à faire eux-mêmes une attaque lorsqu'ils se virent assiégés par derrière ; c'étaient les Turcs de Ketmen qui avaient conduit jusque-là les soldats d'Éridjek ; les nôtres résistèrent vaillamment ; les autres soldats qui s'étaient retirés retournèrent et recommencèrent l'attaque ; les nôtres étaient au nombre de 400, l'ennemi comptait plus de 10,000 ; nos combattants se virent forcés de battre en retraite jusqu'au mont Berzenga et au passage d'Uzar.

Les ennemis, après avoir occupé cette position, divisèrent leurs forces en deux ; une partie suivit nos combattants en leur retraite et l'autre descendit en bas pour assiéger le défilé de Santough du côté du nord ; en même temps arrivaient à Santough les soldats qui avaient occupé le village Kalousdenk. Les Arméniens étaient là au nombre de 1,500 et les ennemis étaient dix fois plus nombreux ; ceux-ci commencèrent l'attaque ; un combat acharné eut lieu et pour la quatrième fois les soldats reculèrent.

Une cinquième attaque suivit cette retraite ; cette fois, ce furent les nôtres qui reculèrent ; une partie s'éleva à Ak-Dagh et les autres vinrent nous rejoindre à Echek-Meïdani.

En voyant les quelques succès de ses soldats, Remzi-Pacha fit avancer vers Ak-Dagh et Echek-Meïdani la partie de l'armée qui se trouvait à Akh-Vakh.

Après avoir occupé le défilé de Santough, les soldats se dirigèrent vers le passage d'Uzar et le mont Berzenga. Les Arméniens résistèrent encore pendant une heure, puis se retirèrent jusqu'aux cavernes de Babig-Pacha. Une partie des soldats les poursuivirent, les autres attaquèrent les insurgés se trouvant sur Ak-Dagh ; ceux-ci purent à peine résister une heure et furent obligés de se retirer vers le sud. Ils vinrent nous rejoindre à Echek-Meïdani, de sorte que nous fûmes au nombre de 4,000. Les Turcs nous attaquèrent avec près de 20,000 soldats. Ils n'avaient qu'à occuper l'unique passage dans lequel nous nous étions fortifiés, pour qu'ils pussent pénétrer dans les vignes de Zeïtoun. Notre position était très forte, bien que nous fussions assiégés de trois côtés ; malheureusement nous ne pouvions pas nous servir du canon, nous l'avions même envoyé à la caserne. Le combat dura de deux heures de l'après-midi jusqu'à quatre heures ; des centaines de soldats périrent sous nos balles, mais les autres ne reculèrent pas, car les arrière-gardes avaient l'ordre de tirer sur les soldats qui battraient en retraite ; ils persistèrent donc à continuer le combat. Au bout de deux heures, nous fûmes forcés de nous retirer à la caserne. Les insurgés qui se tenaient sur les collines de Saghir et d'Ané-Tsor, se retirèrent également et vinrent fermer le passage de Djabogh-Tchaïr, au pied de la caserne.

Un combat sanglant eut lieu autour des cavernes de Babig-Pacha ; là s'étaient réfugiés une centaine de jeunes insurgés ; les Turcs les attaquèrent et tâchèrent de les cerner ; voyant le danger qui menaçait ces jeunes combattants, les princes firent appel au peuple d'aller à leur secours ; ils se sont eux-mêmes élancés vers l'endroit du combat, quelques milliers d'insurgés les ont suivis et par une forte résistance ont obligé l'ennemi à se retirer.

Vers cinq heures, Abah et le vartabed Bartholoméos arrivèrent de Fournous. Les soldats s'étaient approchés en ce moment des vignes de Zeïtoun et s'étaient mis à bombarder la caserne. Nous leur avons opposé une résistance furieuse, nous nous sommes servis de nos canons, et à six heures les ennemis furent forcés de reculer. Dans cette journée, les Turcs avaient eu des centaines de morts ; nous avons eu deux morts et deux blessés.

Parmi les morts se trouvait un de nos meilleurs combattants, le fils de Babig-Pacha, Avédik Yéni-Dunia ; il n'avait que dix-sept ans, mais il avait déjà prouvé qu'il était un enfant digne de son père ; il était l'un des hommes les plus beaux, les mieux bâtis et les plus audacieux de Zeïtoun.

Ce jour-là, au moment où nous nous battions en dehors de Zeïtoun, les femmes Zeïtouniotes étaient restées à garder la ville.

Les femmes ont toujours été l'âme de Zeïtoun ; ce sont elles qui conservent l'ardeur guerrière et le sentiment d'indépendance dans le cœur de leurs maris ou de leurs frères ; et au grand jour du danger elles prennent les armes et se battent avec les hommes. Je les ai vues moi-même ce jour-là exhorter les hommes à aller se battre ; elles criaient à ceux qui s'attardaient encore à attendre dans leurs maisons : « N'avez-vous pas honte d'attendre ici inactifs, tandis que vos frères sont en train de se battre ! allez donc défendre votre pays ! » Et elles insultaient ceux qui persistaient encore à rester dans la ville, elles les poussaient à coups de bâton à aller se battre avec les insurgés.

L'après-midi, elles avaient rendu à la ville de Zeïtoun un service plus important. Au moment où les soldats de Remzi-Pacha occupaient le passage d'Echek-Meïdani, les prisonniers turcs, croyant que la ville allait bientôt être prise et pensant que les femmes ne pourraient pas se défendre, avaient mis le feu au palais pour incendier la ville et avaient pris la fuite. Alors, furieuses de cette trahison, les femmes s'étaient empressées d'abord d'éteindre le feu, puis, armées de haches, de pistolets, de couteaux et de bâtons, s'étaient jetées sur les fuyards et en avaient tué une grande partie ; cinquante-six seulement avaient réussi à se cacher dans le palais, et nous les avons gardés jusqu'à la fin du combat.

Le dimanche soir, nous avons fermé le passage des ennemis à Zeïtoun par une chaîne militaire, s'étendant sur un espace d'une demi-heure de distance, du pied du mont Berzenga jusqu'à la rivière de Zeïtoun : les habitants du quartier Yéni-Dunia s'étaient postés avec leurs princes à Kartoche-Kor. Dans le couvent de Sourp-Asdvadsadsine, se trouvaient sept cent combattants, avec le prince Nazareth, Mleh et moi ; quelques centaines d'insurgés se placèrent à Boutchaghtchonds-Mod ; dans la caserne se trouvaient 300 combattants avec Abah, Merguénian Hadji et les princes de Boz-Baïr ; les autres insurgés se tinrent à l'entrée du passage de Djabogh-Tchaïr.

Le 16 décembre, lundi matin, l'ennemi commença l'attaque. Remzi-Pacha, encouragé par le succès de la veille, croyait que nous allions nous retirer ; nous étions tout au contraire décidés à résister jusqu'à la mort. Au bout de deux heures, nous avons repoussé l'ennemi après lui avoir fait subir des pertes considérables.

Remzi-Pacha avait résolu de faire un assaut décisif sur Zeïtoun et en avait donné l'ordre à ses soldats, mais les chefs des bachi-bozouks circassiens l'avaient conseillé d'éviter cette marche imprudente ; s'appuyant sur leur expérience ancienne, ils insistaient que ce défilé où déjà des milliers de Circassiens et de Turcs étaient tombés pendant la guerre d'Aziz-Pacha, serait impossible à être occupé et qu'il causerait une perte considérable à l'armée turque ; ils prièrent Remzi-Pacha d'attendre de nouveaux renforts pour tenter l'attaque définitive. Remzi-Pacha suivit les conseils de ses compatriotes et changea de plan. Il fit cesser l'attaque en masse, il répandit dans les vignes de Zeïtoun de petits groupes de chasseurs, qui tiraient sur nous continuellement.

Vers midi, des collines se trouvant en face la caserne, les soldats dirigèrent les canons sur nous et commencèrent à bombarder la ville. Mais les premiers boulets tombèrent sans éclater, et au lieu d'effrayer la population, cet incident raviva son ardeur ; les femmes et les enfants, ayant enveloppé leurs mains de linges mouillés, se jetèrent sur les obus, les ramassèrent et les portèrent dans leurs maisons.

Le 17 décembre, vers midi, Remzi Pacha donna l'ordre de recommencer l'attaque ; les soldats s'avancèrent pour occuper Kartoche-Kor, mais bientôt ils furent repoussés par nos insurgés. Alors ils recommencèrent à bombarder la ville, 210 boulets y tombèrent jusqu'au soir, et ne nous firent aucun mal.

Le 18 décembre, au matin, nos éclaireurs vinrent nous avertir que les troupes, commandées par Ali-Bey, qui avaient massacré les habitants de Fournous, venaient d'incendier le village Avak-Gal et s'avançaient vers Zeïtoun du côté de l'ouest.

Nous n'avions aucune force de ce côté; tous les insurgés, au nombre de 6,000, s'étaient rangés en demi-cercle contre les 40,000 soldats de Remzi-Pacha. La montagne de l'ouest, du côté de Gargalar, était restée jusque-là ouverte et sans défense.

Nous nous sommes empressés d'envoyer 800 combattants qui allèrent passer le pont de Gargalar et se postèrent à trois cents mètres de la ville de Zeïtoun, dans le ravin rocheux, au-dessus du cimetière. Nos munitions étaient en train de s'épuiser; nous étions forcés d'avoir recours à un moyen décisif; le brouillard qui régnait ce matin-là, nous inspira ce moyen : nous avons envoyé une centaine de combattants sur les flancs du mont Solak-Dédé, à l'ouest de Zeïtoun, et nous leur avons donné l'ordre de pousser avec eux pendant l'attaque, les dix mille chèvres noires, que nos pasteurs étaient en train de faire paître derrière la montagne.

Le matin, les soldats d'Ali-Bey s'avancèrent dans les vignes vers Zeïtoun.

Lorsqu'ils arrivèrent dans le défilé où nos insurgés s'étaient mis à l'affût, ils furent surpris par une attaque subite et violente de la part des nôtres. En même temps, des flancs du mont Solak-Dédé, nos 150 combattants s'avancèrent à travers le brouillard avec les dix mille chèvres qui donnèrent aux Turcs l'idée qu'une foule considérable d'insurgés se trouvaient là; ils furent effarés et frappés d'épouvante. De toute part, de la ville, du couvent, de la caserne, les insurgés poussaient des exclamations formidables et tiraient continuellement sur les ennemis, en même temps que les cloches de toutes les églises sonnaient à toute volée; c'était justement le grand combat qui commençait, « le combat tout près de Zeïtoun »; les femmes se mirent à prier et les vieux répétaient partout : « N'ayez pas peur, notre ville est *vakouf*; Dieu est avec nous ! »

Les Turcs, ébranlés par ce violent assaut qui dès les premiers coups leur avait faire perdre quelques centaines de soldats, voulurent battre en retraite, les nôtres les poursuivirerent jusqu'à une heure et demie de distance.

A midi, Remzi-Pacha envoya quelques milliers de soldats au secours des troupes d'Ali-Bey, mais quand ils passaient la rivière, les insurgés de la caserne et de Djabogh-Tchaïr commencèrent une vive fusillade et les empêchèrent de passer l'eau.

A deux heures de l'après-midi, Remzi-Pacha, croyant que tous les insurgés s'étaient réunis contre Ali-Bey et qu'il ne restait plus personne en face de lui, donna l'ordre à ses soldats d'attaquer le couvent et la caserne. 10,000 soldats attaquèrent la caserne où il ne se trouvait plus que 150 insurgés avec Abah et Merguénian Hadji. De la caserne, les nôtres tiraient sans cesse, abattaient des centaines de soldats, tandis que de l'autre côté, nos compagnons poursuivaient les troupes d'Ali-Bey ; vers le soir, de partout, les soldats furent obligés de se retirer.

Le succès de cette journée alluma la joie et l'enthousiasme dans les cœurs des insurgés. La seule chose qui nous attristait, c'était le manque de munitions. Nous avons eu une idée ingénieuse qui nous permit de nous en procurer : nous avons retiré la poudre et le plomb dans les quelques centaines d'obus que jusque-là l'ennemi avait lancés dans notre ville et que nous avions ramassés et gardés ; et ainsi nous avons eu de quoi charger nos cartouches ; pour les capsules qui nous manquaient, nous avons employé des bouts d'allu-

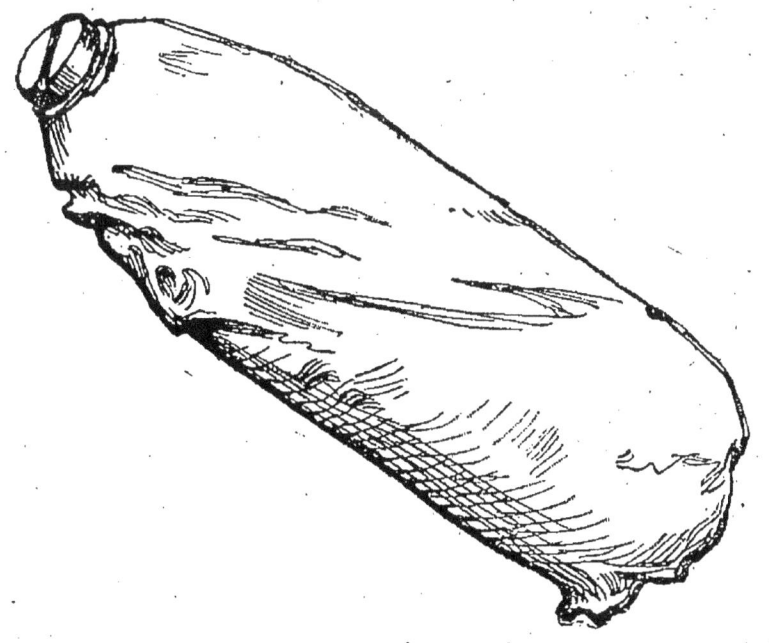

UN OBUS DÉCHARGÉ
(D'après un dessin du *Daily Graphic* de Londres).

mettes ; et voici comment nous pûmes encore continuer le combat, pendant quarante jours.

La nuit du 18 décembre, Remzi-Paçha avait envoyé quelques milliers de soldats au secours des troupes d'Ali-Bey et le lendemain matin (19 décembre) ils recommencèrent l'attaque ; nous les avons encore plusieurs fois repoussés ; le combat dura jusqu'au soir et cessa avec le coucher du soleil. Ce jour-là, parmi les morts très nombreux que les Turcs avaient eus, se trouvait le célèbre chef circassien Méhemmed-Bek ; sa mort ayant découragé les bachi-bozouks circassiens, la plus grande partie de ceux-ci ont quitté l'armée et sont retournés dans leur village.

Le 20 décembre, Remzi-Pacha recommença l'attaque ; elle dura pendant huit heures ; nos combattants opposèrent une résistance plus forte que jamais et les Turcs furent encore une fois repoussés. Cet insuccès finit par démoraliser complètement l'armée turque et dès lors elle n'osa plus tenter une attaque régulière.

Pendant ces trois jours, les Turcs avaient perdu 7,500 soldats et officiers, sans compter les pertes des bachi-bozouks.

Cette résistance puissante et acharnée répandit l'épouvante parmi les Turcs, et plus tard j'appris qu'ils en avaient gardé une profonde impression. « Qu'elles soient maudites, ces montagnes ! » s'étaient écriés les soldats en quittant le Zeïtoun. Et l'on m'a raconté qu'à Marache, en achetant des olives, ils se gardaient d'employer le mot *Zeïtoun* qui, en turc, veut dire olive, et disaient : « Donnez-moi de *ces maudits*. »

À partir du 21 décembre, Remzi-Pacha changea de plan ; convaincu qu'il lui serait impossible de prendre Zeïtoun par la force, il eut recours à la ruse ; il envoya un messager portant un drapeau blanc, pour inviter les chefs zeïtouniotes à aller délibérer avec le pacha. Dans la ville, la situation était devenue autrement pénible ; les vivres avaient commencé à manquer, le sel s'était épuisé complètement, des exhalaisons fétides montaient de l'amoncellement des cadavres de soldats et de chevaux ; une épidémie prit naissance et se répandit dans la population.

Malgré cette situation, les insurgés restèrent fermes dans leur décision. Ils comprirent la ruse de Remzi-Pacha et refusèrent d'entrer en pourparlers avec lui.

Un prêtre et quelques notables eurent seulement la faiblesse de se rendre au camp ennemi ; Remzi-Pacha en retint quelques-uns et renvoya les deux à Zeïtoun, avec la menace qu'il entrerait le lendemain à Zeïtoun et brûlerait toute la ville, si les insurgés ne consentaient pas à se rendre et à livrer les chefs.

Les insurgés, irrités par cette menace, décidèrent de répondre à Remzi-Pacha par une nouvelle attaque. Ce jour-là (21 décembre), il faisait un froid excessivement rigoureux, la neige tombait abondamment depuis le matin ; vers le soir, le *boran*, ce terrible vent de Zeïtoun, s'était mis à souffler. Les insurgés comprirent que les soldats, gelés par ce froid glacial, seraient incapables de faire une attaque, et comme eux-mêmes, ayant l'habitude du froid, pouvaient toujours manier le fusil, ils envoyèrent quelques centaines des leurs qui, déguisés en soldats, tâchèrent de monter sur le mont Berzenga pour se jeter sur l'armée à l'improviste ; la neige était si haute qu'une trentaine purent arriver jusque-là et les autres furent obligés de retourner au couvent. Ces trente, vers quatre heures du matin (22 décembre), se mirent tout d'un coup à attaquer les Turcs ; ceux-ci, voyant des soldats qui tiraient sur eux, crurent qu'il y avait une trahison et se mirent à s'entre-tuer ; il y eut 1,200 morts ; les nôtres avaient réussi à enlever une grande quantité de munitions et à s'esquiver vers le matin.

Le 23 décembre, un épais brouillard avait enveloppé les monts et les vallées ; il faisait presque nuit. Quelques bataillons de soldats en profitèrent, s'avancèrent lentement du côté du sud et réussirent à occuper, malgré une vive résistance de la part des nôtres, les quelques maisons qui restaient encore autour de la caserne.

Le 24 décembre, les soldats qui s'étaient fortifiés dans les maisons, attaquèrent la caserne, mais sans aucun succès. Les munitions des insurgés de la caserne s'étaient complètement épuisées, et il nous était impossible de leur en envoyer de la ville, car les soldats, postés dans les maisons, empêchaient toute communication entre la ville et la caserne. Les nôtres, comprenant qu'ils ne pourraient plus continuer la résistance, mirent le feu à la caserne à sept heures du soir, et sortant tous par la petite porte secrète que nous avions ouverte nous-mêmes, descendirent dans la ville. Les soldats, voyant le feu, s'étaient empressés d'assiéger les deux grandes portes de la caserne pour fusiller les insurgés qu'ils croyaient devoir sortir par là ; ils attendirent en vain, et ne virent personne jusqu'à ce que la caserne tombât tout entière en cendres. Remzi-Pacha avait envoyé le soir même au palais d'Yildiz le télégramme suivant : « J'ai fait incendier la caserne avec les quatre cents Zeïtouniotes armés de Martini. » Il ne s'était aperçu de son erreur que lorsqu'il avait vu le lendemain le trou de la petite porte secrète sur le mur du côté du nord.

Le 25 décembre, le froid et la neige rendirent impossible aux insurgés de se battre en plein air; ils se retirèrent dans les montagnes de l'est et de l'ouest, et plusieurs descendirent dans la ville. Nous avons fermé par des barricades l'entrée des ponts de Gargalar, de Boz-Baïr et de Ghars, et réunis dans la ville et dans le couvent, nous avons continué la résistance.

Les 26, 27, 28 et 29 décembre, Remzi-Pacha tenta plusieurs fois de mettre le feu à la ville et au couvent; mais les hommes qu'il avait envoyés furent tous arrêtés et tués.

Le 30 décembre, le gouvernement de Marache avait envoyé deux Arméniens de cette ville à Zeïtoun, pour persuader les insurgés de se rendre en les assurant que le Sultan était tout disposé à leur pardonner. Les insurgés les chassèrent de la ville. Quelques-uns, parmi ceux-ci, ayant commencé à se démoraliser, les femmes se mirent à les insulter : « Si vous voulez aller vous rendre à l'armée turque, allez-y; nous, nous resterons ici à dé-

fendre la ville et nos enfants; et si les soldats arrivent, nous les déchirerons avec nos dents. »
Il se trouva même des femmes qui, voyant leurs maris faiblir, leur arrachèrent les armes et se mirent à se battre. J'ai vu des femmes et des vieillards qui, mourant de faim ou de l'épidémie, criaient encore tout en agonisant : « Frères, mourez et ne vous rendez pas. »

Quelques femmes racontaient avoir vu, en plein jour, la Sainte Vierge qui les avait assurées de la protection de Dieu. Les vieux levaient les yeux vers le mont Bérid; selon une antique tradition, on croit à Zeïtoun que Dieu y descend aux grandes circonstances; les orages qui grondent au sommet du mont, et le terrible *Boran* qui en descend, sont pris pour les manifestations de la présence divine; les vieillards nous montraient le sommet du Bérid et disaient : « Attendez! notre Dieu ne va pas tarder à paraître; il dirigera par là ses canons contre les Turcs, et ils seront tous dispersés. »

D'autre part, les efforts de Remzi-Pacha à prendre Zeïtoun par la ruse, nous firent pressentir que son armée avait perdu l'espoir de le prendre par force et qu'il voulait peut-être presser la fin de l'insurrection pour ne pas amener une intervention européenne. La meilleure façon de rassurer les insurgés et de les encourager à résister, ce serait de connaître exactement la situation de l'armée et de l'état d'esprit du gouvernement, et nous ne pouvions avoir ces renseignements qu'en envoyant quelqu'un à Marache. Or, il n'était possible à personne, si courageux qu'on fût, de traverser l'armée qui cernait Zeïtoun de partout. Une femme se dévoua. C'était la nommée G..., la seule femme de Zeïtoun, qui avait eu plus d'un amant ; puissamment musclée, d'une âme ardente et intrépide, d'une beauté mâle et forte, elle avait passé une vie aventurière et irrégulière; dans le temps, lorsqu'elle était gardienne de vignes à Adana, elle avait même, déguisée en homme, pratiqué le rude métier de brigandage, pour envoyer des secours à ses compatriotes, enfermés dans les prisons de la ville. Dès les premiers jours de l'insurrection, elle s'était enrôlée dans la bande des combattants. Elle accepta notre proposition avec joie. Elle se déguisa en femme turcomane, prit son long fusil à silex et partit à la tombée de la nuit. « Attendez-moi, mes enfants, dit-elle en partant ; grâce à Dieu, je vous apporterai de bonnes nouvelles. » Puis, elle ajouta avec dédain : « Pour servir mon pays, je supporterai les sales caresses des infidèles. » Elle revint au bout de deux jours. Elle avait réussi à traverser l'armée, elle était allée à Marache, et elle avait appris ce que nous voulions savoir ; elle nous rapporta que les troupes étaient épuisées, et que le gouvernement attendait, d'un moment à l'autre, l'éventualité d'une intervention européenne. Ces nouvelles fortifièrent les insurgés, et la résistance continua plus ferme que jamais.

Du 31 décembre jusqu'au 3 janvier 1896, les troupes de Remzi-Pacha bombardèrent, sans arrêt, la ville et le couvent ; mais les boulets qui tombaient et dont la plupart n'éclataient pas, ne causèrent ni dégats ni perte d'hommes ; nous avons tout le temps continué la résistance et nous avons empêché les soldats d'avancer.

Remzi-Pacha avait alors télégraphié à Constantinople que pour occuper Zeïtoun il lui fallait encore un renfort de 50,000 soldats avec 50 canons. Sur cela, Remzi-Pacha fut destitué et remplacé par Edhem-Pacha, celui qui a été récemment généralissime de l'armée turque en Thessalie.

Notre situation devenant de plus en plus intolérable à Zeïtoun, nous avons fini par nous décider de sortir, hommes, femmes et enfants, et de tomber, pendant la nuit, à l'improviste, sur les troupes turques par une attaque à l'arme blanche (1); nous voulions, par ce coup suprême, mettre l'ennemi en déroute ou bien mourir les armes à la main. Mais, le 5 janvier 1896, un soldat portant un drapeau blanc arriva à Zeïtoun et nous

(1) Voici ce que dit M. le colonel de Vialar, attaché militaire de l'ambassade de France, dans ses notes rapportées de Zeïtoun.

« Le siège de Zeïtoun dura vingt et un jours, ayant commencé le 14 décembre. On jeta sur la ville 2,780 bombes, dont peu éclatèrent. Aussi les enfants s'amusaient-ils à les ramasser au moment où elles tombaient à terre. Ils couraient les porter chez le forgeron qui en retirait la poudre et fondait le reste pour en faire des balles.

« On arracha les gouttières des maisons pour le même usage.

« Les capsules venant à manquer, on y suppléa avec des bouts d'allumettes chimiques, ce qui réussit parfaitement.

« Les Zeïtouniotes qui combattaient étaient environ 1,500, n'ayant que de vieux fusils à silex, y compris les 400 fusils qu'ils prirent aux soldats de la caserne. Les troupes turques (24 bataillons) comptaient environ 20,000 hommes, ayant de bonnes armes et des munitions en abondance, ajoutez à ce nombre, 30,000 bachi-bozouks, Kurdes, Circassiens, etc.

« A la fin les Zeïtouniotes, ayant épuisé leurs munitions, préparèrent un plan d'attaque à l'arme blanche.

« Ce plan consistait à attaquer, de nuit, sur plusieurs points à la fois les 10,000 soldats d'Ali-Bey.

« Peut-être auraient-ils réussi, malgré l'infériorité du nombre, à mettre les Turcs en déroute; outre que les Zeïtouniotes considèrent toutes les guerres qu'ils font comme des croisades, ils manient le poignard avec une dextérité incroyable. De plus, ils savaient que, si les troupes ottomanes, étaient entrées dans la ville, elles n'auraient pas épargné les enfants à la mamelle; c'est pourquoi ils auraient vendu bien cher leur vie. La médiation des puissances intervint à ce moment. »

(Le supplément du *Livre jaune*, 1895-1896, pages 84-85.)

remit le télégramme suivant qui nous était envoyé par les consuls européens d'Alep :

« Aux chefs des Arméniens, à Zeïtoun,

« Nous avons reçu l'ordre de nos ambassadeurs pour intervenir entre le gouvernement impérial et vous ; et la Sublime-Porte a accepté de faire un armistice provisoire durant les pourparlers de la médiation.

« Avertissez-nous immédiatement, par dépêche, à l'adresse du consul russe d'Alep, si vous acceptez ou non notre intervention.

« Alep, 4 janvier 1896.
« 23 Kianouni Evvel, 1311.

« Yakimanski, consul russe ;
« Barthélemy, vice-consul français ;
« Parnéran, consul autrichien ;
« Barenham, consul anglais ;
« Vitto, consul italien ;
« Zolinger, consul allemand. »

Nous avons immédiatement répondu que nous acceptions.

L'armistice commença, bien qu'il ne fût que nominal ; jusqu'à l'arrivée des consuls, c'est-à-dire, pendant vingt-trois jours, les Turcs avaient cessé de bombarder, mais toutes les fois que les insurgés se hasardaient dans les rues, ils dirigeaient sur eux une sérieuse fusillade.

La famine et l'épidémie devinrent de plus en

plus rigoureuses jusqu'à l'arrivée des consuls ; il ne restait plus de sel, et cela commençait déjà à causer certaines maladies ; le pain manquait aussi ; on ne se nourrissait plus qu'avec de la viande non salée, avec des raisins secs et du rob ; vers la fin, il mourait une trentaine de personnes par jour, surtout des enfants ; et cependant, tous restèrent fermes jusqu'aux derniers jours dans leur décision.

Les soldats se trouvaient dans une situation plus pénible. Les bachi-bozouks, complètement découragés, avaient pris la fuite ; la famine et la maladie causaient tous les jours des pertes considérables parmi les troupes. Mais ce qui les faisait le plus souffrir, c'était le froid ; la neige était haute de deux mètres, et tous les jours les gardes gelaient par centaines.

Depuis le commencement jusqu'à la fin de l'insurrection, les Turcs avaient perdu 20,000 hommes, dont 13,000 étaient des soldats et le reste des bachi-bozouks. Nous avons appris ce nombre des morts par des fonctionnaires et des maires turcs. Nous n'avions perdu que 125 hommes, dont 60 étaient morts en se battant, et dont 65 furent lâchement frappés pendant l'armistice. Les Turcs avaient lancé, pendant toute la durée de la guerre, 5,000 boulets, dont 2,780 dans la ville même de Zeïtoun.

XV

L'ARRIVÉE DES CONSULS ET LA CAPITULATION.

Le 30 janvier, les consuls anglais et russe étaient arrivés au camp turc. Le 1ᵉʳ février, arrivèrent les consuls français et italien ; ce dernier représentait en même temps les consuls autrichien et allemand, qui n'avaient pas pu venir à cause du froid.

Les représentants de l'Europe entrèrent immédiatement en communication avec nous ; ils nous invitèrent à nous rendre deux jours après à l'armée ottomane pour commencer les pourparlers.

Les habitants de la ville de Zeïtoun et les réfugiés choisirent comme représentants mes trois jeunes camarades et moi, organisateurs de la défense, et nous chargèrent d'un mandat, signé par les princes et les notables ; ceux-ci devaient nous accompagner. Les pourparlers seraient faits en français.

Le 3 mars, nous nous sommes dirigés vers le camp ottoman ; six mille insurgés s'étaient rangés sur deux lignes des deux côtés de notre chemin. Ils nous dirent : Au revoir ! et leurs derniers mots furent : « Vivre avec l'honneur ou mourir. »

Les *cavaz* des consuls et les drogmans russe et anglais vinrent au-devant de nous à la limite de la chaîne militaire et nous escortèrent jusqu'au quartier général.

Les consuls commencèrent par nous déclarer que « les puissances n'interviennent que dans un but humanitaire, qu'elles ne veulent donner aucun encouragement à notre résistance et ne cherchent que l'apaisement ». Puis ils nous communiquèrent les trois conditions posées par la Sublime Porte, et nous prièrent de répondre dans deux jours. Les conditions étaient les suivantes :

« 1° La reddition des armes de guerre ;

« 2° La reconstruction, par les Zeïtouniotes, de la caserne fortifiée ;

« 3° Livrer les quatre fauteurs du mouvement, pour les poursuivre devant les tribunaux réguliers. »

Nous nous sommes préparés à nous rendre à

Zeïtoun pour en rapporter la réponse à ces conditions. Au moment de notre départ, on vint nous avertir qu'Edhem-Pacha voulait nous voir ; nous avons été conduits avec les consuls dans la chambre du Pacha. Le commandant nous reçut avec une extrême affabilité ; c'est un homme de haute taille, âgé d'une cinquantaine d'années, d'un air grave et d'une physionomie intelligente. Il nous adressa des paroles douces et persuasives ; au moment où nous le quittions, il nous dit : « J'espère que vous saurez être sages, comme vous avez su être braves. » Nous avons répondu que notre unique but, en levant les armes, c'était d'obtenir l'établissement d'un régime de justice, et que si l'on voulait bien nous l'accorder, nous étions volontiers prêts à mettre bas les armes.

Nous sommes allés à Zeïtoun et nous avons tenu un grand conseil ; en réponse aux conditions du gouvernement, nous avons préparé les nôtres qui en différaient sensiblement. Les Zeïtouniotes déclaraient d'abord qu'ils ne considéraient personne parmi eux comme fauteur, qu'ils n'accepteraient jamais de livrer leurs quatre défenseurs ; ils demandaient, pour continuer les pourparlers, que les troupes turques fussent éloignées de Zeïtoun ; ils repoussaient aussi la proposition de reconstruire la caserne. Les femmes de Zeïtoun envoyèrent aux consuls une pétition où elles décrivaient longuement tout ce que les Zeïtouniotes avaient souffert des injustices et des persécutions des fonctionnaires turcs, tout ce que le gouvernement avait comploté pour les détruire, tout ce qui les avait à la fin poussés à l'insurrection ; elles priaient les consuls, au cas où ceux-ci voudraient rétablir l'ancienne situation, de venir à Zeïtoun et de tuer eux-mêmes tous les habitants, de l'enfant jusqu'au vieillard.

Nous sommes revenus au camp ; et après une semaine de négociations et de discussions, nous avons arrêté, le 10 février, les conditions suivantes qui furent acceptées et signées des deux parts :

« 1° Les armes de guerre seront rendues par les habitants de Zeïtoun à la condition que les musulmans des environs aussi seront désarmés des leurs. Les armes de chasse, fusils vieux modèles, pistolets et poignards, seront laissés à leurs détenteurs ;

« 2° Une amnistie générale sera accordée aux habitants de Zeïtoun et aux réfugiés. Les quatre chefs du mouvement, connus sous la dénomination des quatre Barons, doivent quitter le territoire ottoman, sous la surveillance des ambassadeurs ; leurs frais de voyage seront réglés par le gouvernement impérial ;

« 3° Exemption des arriérés d'impôts ; le dégrèvement pour l'impôt foncier ; délai de paiement pendant quelques années.

« Ces concessions ne devront pas être une condition de l'arrangement, elles devront être sollicitées de la bienveillance de Sa Majesté ;

« 4° Les Zeïtouniotes ne doivent pas reconstruire la caserne. C'est le gouvernement impérial qui la reconstruira ;

« 5° Un gouverneur (caïmacam) chrétien sera nommé pour Zeïtoun ; la gendarmerie sera recrutée parmi les Zeïtouniotes. (Ces questions seront réglées conformément à l'acte général des Réformes) ;

« 6° Garanties de sécurité pour la vie et les biens des Zeïtouniotes.

« Il n'appartient pas aux ambassadeurs de donner ces garanties eux-mêmes, mais ils demanderont à la Porte une déclaration à ce sujet ;

« 7° Réinstallation des réfugiés dans leurs villages.

« En ce qui concerne les garanties qu'Edhem-Pacha offre pour les réfugiés, les consuls devront dresser avec les commissaires ottomans un acte spécial dans la forme qui leur paraîtra offrir le plus de sécurité. Ils en surveilleront eux-mêmes l'exécution (1) ».

Après avoir signé ces conditions, nous avons livré aux consuls le colonel, le gouverneur et les cinquante-six prisonniers; le même jour nous avons également livré les fusils Martini. Les consuls m'ont demandé si nous n'avions pas des cartouches.

— Vous les trouverez dans les blessures des soldats turcs qui sont allés à Marache, ai-je répondu.

Ce jour-là, les princes et les notables partirent pour Zeïtoun; tous les quatre nous fûmes retenus pour partir directement en Europe. Il nous était dur de quitter ce pays héroïque, mais nous avons accepté ce sacrifice pour le bonheur de cette vaillante population.

Tous les consuls se comportèrent avec beau-

---

(1) On peut voir toutes ces conditions dans le supplément du *Livre Jaune* de 1895-1896 (texte VII, (*Affaires de Zeïtoun*), pages 73, 83 et 84. — *Livre Jaune* (*Affaires arméniennes*) de 1893-1897, pages 214 et 215.

coup de bonté à l'égard de notre peuple opprimé, et quant à nous quatre, ils nous traitèrent très cordialement; mais ils rendirent en même temps un véritable service au gouvernement turc (1).

Nous sommes restés encore deux jours dans l'armée ottomane. Je ne peux pas m'empêcher d'exprimer en particulier nos sentiments de gratitude au consul français, M. Barthélemy, qui nous fit jour et nuit garder par ses cavaz, et au drogman du consul russe, M. Samuel Goldenberg, qui eut pour nous une conduite fraternelle. Je ne peux pas m'empêcher d'exprimer notre reconnaissance pour le consul italien, M. Henri Vitto, ainsi qu'à son drogman, M. Ferdinand, et à son médecin qui nous rendit des services inappréciables en prodiguant ses soins aux victimes de l'épidémie.

Avant de partir, j'ai donné la lettre suivante au consul italien :

---

(1) Voici ce qu'écrit M. de la Boulinière, chargé d'affaires de France à Constantinople, à M. Berthelot, ministre des affaires étrangères, sur ce point :

« C'est la seconde fois, depuis les troubles, que les Puissances ont rendu au Sultan le grand service de le tirer d'une situation difficile et inquiétante : d'abord à Constantinople, lors de l'évacuation des églises par les réfugiés arméniens, et cette fois-ci à Zeïtoun.

« Dans le premier cas, Abdul-Hamid n'a pas cru devoir refuser le concours des ambassades, et dans le second il a été trop heureux de l'intervention des Puissances. » (Voir le Supplément du *Livre Jaune*, 1895-1896, p. 84.)

A Monsieur Henri VITTO,
*Consul italien et représentant de l'Italie, de l'Autriche
et de l'Allemagne à Zeïtoun.*

Au moment où après avoir tant lutté pour la civilisation et pour ma chère Patrie, je suis forcé de retourner en Europe, je vous prie, digne représentant de l'Italie, de vouloir bien faire connaître à votre gouvernement et à vos compatriotes, que notre but n'était pas de former un royaume ou une principauté, ce qui ne serait qu'une chimère dans ce mélange de races diverses qu'est la Turquie. Notre programme était d'obtenir : 1º Liberté de croyance, de pensée et d'instruction; 2º Une administration sage et impartiale. Nous savions bien que notre lutte ne nous offrirait pas la victoire définitive sans la protection de l'Europe, et nous avons continué le combat dans l'espoir que les Puissances chrétiennes interviendraient pour nous assister. Vous qui représentez un peuple ami de la science et de la liberté, vous qui connaissez notre histoire et nos malheurs, parlez en faveur de notre cause et vous aurez la reconnaissance d'un peuple martyr.

Veuillez agréer les adieux d'un chef des combats de Zeïtoun.

AGHASSI.

12 février 1896.

Le 12 février, nous avons quitté Zeïtoun tous les quatre, ayant avec nous deux combattants qui étaient venus de la Grande-Arménie pour se joindre aux insurgés. J'exprime notre reconnaissance pour le consul anglais, M. Barenham qui n'épargna aucun soin pour que notre voyage fût sans danger. Son drogman, M. Chalam et son cavaz, ainsi que le cavaz du consul italien nous accompagnaient avec une escorte de trente cavaliers. Nous sommes arrivés à Mersina, d'où le 14 mars, nous sommes montés à bord du bateau *Sindh* des Messageries qui nous amena sur le sol libre de la France.

A présent, Zeïtoun est apaisé. Après la capitulation, la famine et l'épidémie continuèrent à y faire des ravages; mais les consuls d'Italie, d'Angleterre et de France, ayant fait connaître cette situation à leurs gouvernements, des secours arrivèrent pour soulager la misère de la population. En même temps, la Société américaine de la Croix-Rouge envoya des médecins et des pharmaciens, qui par leurs soins firent disparaître l'épidémie.

Malgré sa signature, le gouvernement turc s'obstina quelque temps à ne pas envoyer un gouverneur chrétien à Zeïtoun, mais sur les protestations énergiques des ambassadeurs de Constantinople, un Grec, Youvanaki Djazopoulo, fut envoyé comme gouverneur à Zeïtoun, cinq mois après notre départ.

Le Zeïtouniote est à l'ordinaire travailleur et bon. Lorsqu'il est gouverné avec justice, il est un citoyen fidèle et sait obéir à la loi. Mais lorsqu'on menace sa vie et son honneur, il sait tout sacrifier pour se défendre.

FIN

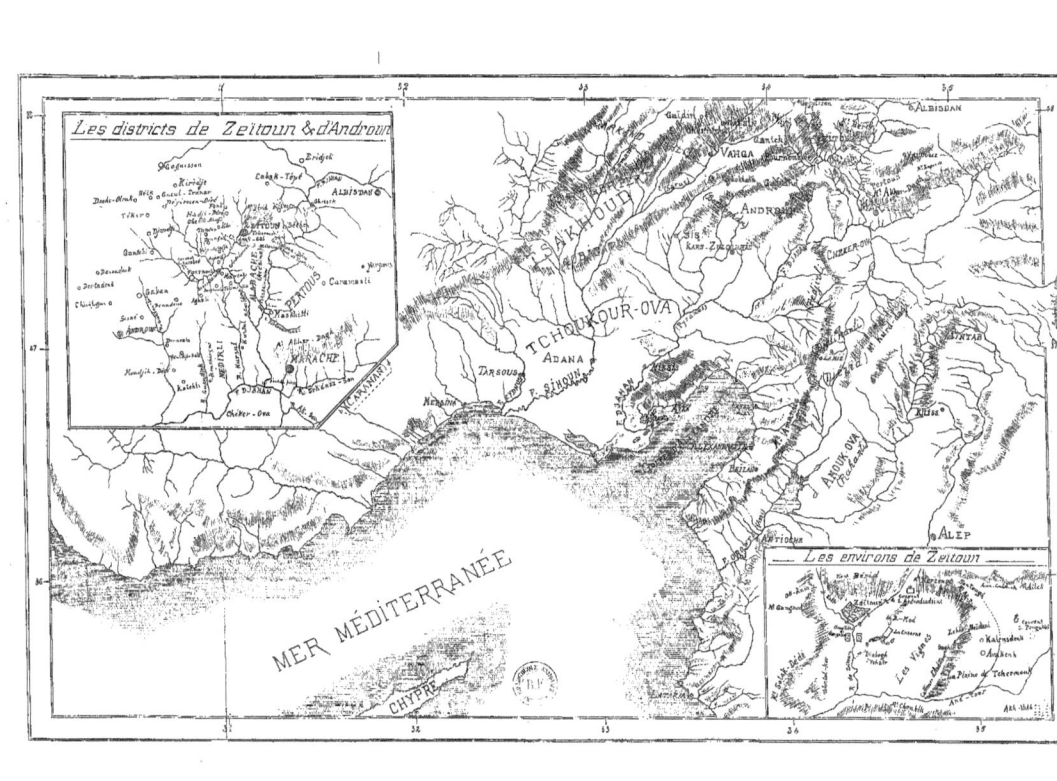

ÉDITIONS DV MERCVRE DE FRANCE
Extrait du Catalogue

Collection grand in-18, à 3 fr. 50

Pierre d'Alheim
Moussorgski . . . . 1 vol.

Henry Bataille
Ton Sang, précédé de La Lépreuse. 1 vol.

Marcel Batilliat
Chair mystique, roman . . . . . 1 vol.

Léon Bloy
La Femme pauvre, roman . . . . 1 vol.

Edouard Ducoté
Aventures . . . . 1 vol.

Edouard Dujardin
Les Lauriers sont coupés, précédé de Hantises et de Trois Poèmes en prose . . . . 1 vol.

Louis Dumur
Pauline ou la liberté de l'amour . 1 vol.

Georges Eekhoud
Le Cycle Patibulaire . . . . . . 1 vol.

André Fontainas
Crépuscules . . . . 1 vol.

Paul Fort
Ballades Françaises, préface de PIERRE LOUYS . . . . 1 vol.

André Gide
Le Voyage d'Urien, suivi de Paludes. 1 vol.
Les Nourritures terrestres . . . . 1 vol.

Remy de Gourmont
Le Pèlerin du Silence, orné d'un frontispice d'ARMAND SEGUIN . . 1 vol.
Le Livre des Masques. Portraits symbolistes. Les Masques, au nombre de trente, par F. VALLOTTON . . . . 1 vol.
Les Chevaux de Diomède, roman . 1 vol.

Gerhart Hauptmann
La Cloche engloutie, trad. de l'allemand par A.-FERDINAND HÉROLD. 1 vol.

A.-Ferdinand Hérold
Images tendres et merveilleuses 1 vol.

Alfred Jarry
Les Jours et les Nuits, roman d'un Déserteur . . . . 1 vol.

Virgile Josz et Louis Dumur
Rembrandt . . . . 1 vol.

Gustave Kahn
Premiers Poèmes . . . . 1 vol.
Le Livre d'Images . . . . 1 vol.

A. Lacoin de Villemorin et Dr Khalil-Khan
Le Jardin des Délices . . . . . . 1 vol.

Pierre Louys
Aphrodite, roman . . . . 1 vol.

Emerich Madach
La Tragédie de l'Homme, traduit du hongrois par CH. DE BIGAULT DE CASANOVE . . . . 1 vol.

Maurice Maeterlinck
Le Trésor des Humbles . . . . . 1 vol.
Aglavaine et Sélysette . . . . . . 1 vol.

Rachilde
Les hors nature, roman . . . . . 1 vol.

Hugues Rebell
La Nichina, roman . . . . 1 vol.

Henri de Régnier
Poèmes, 1887-1892 . . . . 1 vol.
Les Jeux rustiques et divins . . . 1 vol.

Jehan Rictus
Les Soliloques du Pauvre . . . . 1 vol.

Albert Samain
Au Jardin de l'Infante, augmenté de plusieurs poèmes . . . . . . 1 vol.

Marcel Schwob
Spicilège . . . . 1 vol.

Jean de Tinan
Penses-tu réussir ! roman . . . . 1 vol.

Émile Verhaeren
Poèmes . . . . 1 vol.
Poèmes, nouvelle série . . . . . 1 vol.

Francis Vielé-Griffin
Poèmes et Poésies . . . . 1 vol.
La Clarté de Vie . . . . 1 vol.

E. Vigié-Lecocq
La Poésie contemporaine, 1884-1896 1 vol.

Collection grand in-18, à 2 fr.

Gunnar Heiberg
Le Balcon, trad. et préface du Comte M. PROZOR . . . . 1 vol.

Formats, tirages, grands papiers : au CATALOGUE COMPLET des publications

ÉDITIONS DV MERCVRE DE FRANCE
Extrait du Catalogue

Collection grand in-18, à 1 fr.

Jules Delassus
Les Incubes et les Succubes .... 1 vol.

Comte M. Prozor
Le Peer Gynt d'Ibsen .... 1 vol.

Archag Tchobanian
L'Arménie, son Histoire, sa Littérature. Introduction d'ANATOLE FRANCE .... 1 vol.

Collection petit in-18, à 2 fr.

Léon Bloy
La Chevalière de la Mort ..... 1 vol.

Hugues Rebell
Le Magasin d'Auréoles .... 1 vol.

J.-H. Rosny
Les Xipéhuz .... 1 vol.

Formats et prix divers

Aghassi
Zeïtoun .... 3 fr. 50

G.-Albert Aurier
Œuvres Posthumes. Notice de REMY DE GOURMONT. Portrait de G.-Albert Aurier (eau-forte) par A.-M. LAUZET .... 12 fr. »

Henry Bataille
La Chambre blanche, poésies, Préface de MARCEL SCHWOB ... 2 fr. »

Aloysius Bertrand
Gaspard de la Nuit ...... 3 fr. 50

Léon Bloy
Ici, on assassine les Grands Hommes, avec portrait et autographe d'ERNEST HELLO .... 1 fr. 50

Victor Charbonnel
Les Mystiques dans la Littérature présente (1re série) .... 3 fr. 50

Paul Claudel
L'Agamemnon d'Eschyle (trad.) 2 fr. »

Gaston Danville
Contes d'Au-Delà, orné de 20 vignettes de L. CABANES ..... 6 fr. »

Eugène Demolder
Le Royaume authentique du Grand Saint Nicolas, couverture à l'aquarelle, frontispice et 30 croquis de FÉLICIEN ROPS, 5 dessins hors texte d'ETIENNE MORANNES .... 18 fr. »
La Légende d'Yperdamme, couverture et 9 dessins hors texte d'ETIENNE MORANNES, frontispice,

dessin et 3 vignettes de FÉLICIEN ROPS .... 15 fr. »

Lord Alfred Douglas
Poèmes, texte anglais et traduction française, avec le portrait de l'auteur en héliogravure .... 3 fr. 50

Louis Dumur
La Motte de Terre, 1 acte en prose. 2 fr. »
La Nébuleuse, 1 acte en prose ... 2 fr. »

André Fontainas
Nuits d'Épiphanies, poésies .... 3 fr. »

Henri Ghéon
Chansons d'Aube .... 2 fr. »

André Gide
Les Cahiers d'André Walter ... 6 fr. »
La Tentative amoureuse ...... 2 fr. »
Le Voyage d'Urien, orné de lithographies en couleurs par MAURICE DENIS .... 12 fr. »
Paludes .... 5 fr. »
Réflexions sur quelques points de Littérature et de Morale ..... 2 fr. »

Remy de Gourmont
Le Latin mystique, 3me édition, Préface de J.-K. HUYSMANS. Couverture ornée d'un dessin de FILIGER .... 10 fr. »
Le Fantôme, 2me édition, orné de 2 lithographies de HENRY DE GROUX .... 4 fr. »
Théodat .... 2 fr. 50
L'Idéalisme, avec un dessin de FILIGER .... 2 fr. 50

Formats, tirages, grands papiers : au CATALOGUE COMPLET demande

ÉDITIONS DU MERCURE DE FRANCE

Extrait du Catalogue

Fleurs de Jadis	2 fr. 50
Histoires Magiques, 2me édition, avec une lithographie de HENRY DE GROUX	3 fr. 50
Histoire tragique de la Princesse Phénissa	2 fr. 50
Proses Moroses	3 fr. »
Le Château singulier, orné de 32 vignettes en rouge et en bleu	2 fr. 50
Phocas, avec une couverture et 3 vignettes par l'auteur	2 fr. »
La Poésie populaire, avec un air noté et des images	2 fr. »
Le Miracle de Théophile, de Rutebeuf, texte du XIIIe siècle, modernisé	2 fr. »

Charles Guérin
Le Sang des Crépuscules, poésies, avec un Prélude en musique de 32 pages par PERCY PITT	5 fr. »
Sonnets et un Poème	2 fr. »

A.-Ferdinand Herold
La Légende de Sainte Liberata, mystère	2 fr. »
Paphnutius, comédie de HROTSVITHA, trad. du latin, orné de dessins de PAUL RANSON, K.-X. ROUSSEL et ALFONSE HEROLD	2 fr. »
Le Livre de la Naissance, de la Vie et de la Mort de la Bienheureuse Vierge Marie, orné de 57 dessins de PAUL RANSON	6 fr. »
L'Anneau de Çakuntalâ, comédie héroïque de KALIDASA	3 fr. »

Charles-Henry Hirsch
Priscilla, poème	2 fr. »
Yvelaine, poème	2 fr. »

Francis Jammes
Un Jour, un acte en vers, suivi de poésies	2 fr. »

Alfred Jarry
Les Minutes de Sable Mémorial, orné d'un frontispice et de gravures sur bois	4 fr. »
César-Antechrist	3 fr. »
Ubu Roi	2 fr. »

F. Jollivet Castelot
L'Alchimie	1 fr. »

Tristan Klingsor
Filles-Fleurs, poésies	2 fr. »
Squelettes fleuris, poésies	2 fr. »

André Lebey
Les Poésies de Sapphô	2 fr. »
La Scène, 1 acte en prose	2 fr. »
Le Cahier rose et noir, poésies	4 fr. »
Chansons grises	3 fr. 50

Maurice Le Blond
Essai sur le Naturisme	2 fr. 50

Charles Leconte
L'Esprit qui passe	6 fr. »

Jean Lorrain
Contes pour lire à la Chandelle	2 fr. »

Pierre Louys
Poésies de Méléagre (traduction)	3 fr. »
Aphrodite, mœurs antiques. Vol. in-8 carré, tirage à petit nombre numéroté sur beau vélin	10 fr. »

Maurice Maeterlinck
Alladine et Palomides, Intérieur, et La Mort de Tintagiles, trois petits drames pour marionnettes	3 fr. 50

Camille Mauclair
Jules Laforgue, essai. Introduction de MAURICE MAETERLINCK	2 fr. 50

Adrien Mithouard
Les impossibles noces, poèmes	2 fr. 50

Albert Mockel
Émile Verhaeren, avec une Note biographique par FRANCIS VIELÉ-GRIFFIN	2 fr. »

Laurent Montésiste
Histoires vertigineuses. Contes symboliques	2 fr. »

Eugène Montfort
Sylvie ou les émois passionnés. Préface de SAINT-GEORGES DE BOUHÉLIER	2 fr. 50

Alfred Mortier
La Vaine Aventure, poésies, couverture lithogr. en couleurs par GEORGES DE FEURE	3 fr. »
La Fille d'Artaban, un acte	2 fr. »

Georges Pioch
La Légende blasphémée	2 fr. »
Toi	2 fr. »

Georges Polti
Les 36 Situations dramatiques	3 fr. 50

Pierre Quillard
Les Lettres rustiques de Claudius Ælianus, Prénestin, traduites du grec, avec un Avant-propos et un Commentaire latin	2 fr. »

Rachilde
Le Démon de l'Absurde, 2me édition, Préface de MARCEL SCHWOB, portrait de l'auteur, reproduction autographique de 12 pages de manuscrit	3 fr. »

Yvanhoé Rambosson
Le Verger doré, poésies	3 fr. »

Formats, tirages, grands papiers : au CATALOGUE COMPLET de

ÉDITIONS DV MERCVRE DE FRANCE
Extrait du Catalogue

Hugues Rebell
Baisers d'Ennemis, roman . . . . 3 fr. 50
Chants de la Pluie et du Soleil . . 3 fr. 50

Marcel Réja
La Vie héroïque, poèmes. Frontispice de HENRI MÉRAN. . . . . 3 fr. 50

Henri de Régnier
Le Trèfle noir . . . . 2 fr. 50

Jules Renard
Le Vigneron dans sa Vigne . . . . 2 fr. »

Lionel des Rieux
Les Amours de Lyristès . . . . . . 2 fr. »
La Toison d'Or, poème . . . . . . 2 fr. »

Léon Riotor
Les Raisons de Pascalin . . . . . 5 fr. »
Le Sage Empereur, poème . . . . . 3 fr. 50

Pierre de Ronsard
Les Amours de Marie, édition précédée d'une *Vie de Marie Dupin*, par PIERRE LOUYS . . . . 3 fr. 50

Saint-Georges de Bouhélier
L'Hiver en méditation ou les Passe-temps de Clarisse, suivi d'un opuscule sur Hugo, Richard Wagner, Zola et la Poésie nationale . . . . 6 fr. »

Saint-Pol-Roux
L'Ame noire du Prieur blanc . . . 5 fr. »
Épilogue des Saisons Humaines . . 3 fr. »
Les Reposoirs de la Procession, avec le portrait de l'auteur . . . 4 fr. »

Robert Scheffer
La Chanson de Néos, couverture en couleur de GRANIÉ . . . . 1 vol.

Robert de Souza
Fumerolles . . . . 3 fr. »

Auguste Strindberg
Introduction à une Chimie unitaire (Première esquisse) . . . 1 fr. 50

Marcel Schwob
Mimes, 2me édition . . . . 3 fr. »
Annabella et Giovanni . . . . . . 1 fr. »
La Croisade des Enfants, couvert. lithog. en couleurs par MAURICE DELCOURT . . . . 3 fr. 50
Le Livre du Monelle . . . . 2 fr. »

Albert Thibaudet
Le Cygne rouge, mythe dramatique . . . . 3 fr. 50

Jean de Tinan
Erythrée, conte, orné par MAURICE DELCOURT . . . . 2 fr. 50

Charles Vellay
Au lieu de vivre, poèmes . . . . 2 fr. »

Francis Vielé-Griffin
Πάλαι, poèmes . . . . 2 fr. »
Laus Veneris, poème de A.-CH. SWINBURNE (traduction) . . . . 2 fr. »

Divers
L'Almanach des Poètes pour 1896, orné de 25 dessins par AUGUSTE DONNAY . . . . 3 fr. 50
L'Almanach des Poètes pour 1897, orné de 66 dessins par ARMAND RASSENFOSSE . . . . 3 fr. 50

Anonyme
Les Massacres d'Arménie. Témoignages des Victimes. Préface de G. CLEMENCEAU . . . . 3 fr. 50

Musique
Gabriel Fabre
Sonatines Sentimentales, quatre mélodies : 1º *Chanson de Mélisande*, de Maurice Maeterlinck, 2º *Ronde*, 3º *Ballade*, 4º *Complainte*, de Camille Mauclair. Couverture en couleur d'Alexandre Charpentier. Nouvelle édition . . . . 5 fr.

Enluminure
Filiger
Vierge à l'Enfant, miniature copiée à la main . . . . 3 fr. »

Lithographie
Henry de Groux
Quelques exemplaires sur chine de la lithographie donnée avec les volumes de luxe des *Œuvres Posthumes* de G.-Albert Aurier. In-8 . . . . 5 fr.

Formats, tirages, grands papiers: au CATALOGUE COMPLET des Publi... sur demande

ACHEVÉ D'IMPRIMER

vingt-deux juin mil huit cent quatre-vingt-dix-sept

PAR

L'IMPRIMERIE PROFESSIONNELLE

POUR LE

MERCVRE

DE

FRANCE

MERCVRE DE FRANCE
Fondé en 1672
(Série moderne)
15, RVE DE L'ÉCHAVDÉ. — PARIS
paraît tous les mois en livraisons de 200 pages, et forme dans
l'année 4 volumes in-8, avec tables.

ROMANS, NOUVELLES, CONTES, POÈMES, MUSIQUE, ÉTUDES CRITIQUES
TRADUCTIONS, AUTOGRAPHES, PORTRAITS, DESSINS & VIGNETTES ORIGINAUX

Rédacteur en Chef : ALFRED VALLETTE

CHRONIQUES MENSUELLES
Épilogues (actualité) : Rémy de Gourmont ; *Les Romans* : Rachilde
Les Poèmes : Henri de Régnier ; *Littérature* : Pierre Quillard
Théâtre (publié), *Histoire* : Louis Dumur ; *Philosophie* : Louis Weber
Psychologie, Sociologie, Morale : Gaston Danville
Sciences biologiques : Jean de Tinan ; *Economie sociale* : Christian Beck
Voyages, Archéologie : Charles Merki
Esotérisme et Spiritisme : Jacques Brieu
Journaux et Revues : Robert de Souza
Les Théâtres (représentations) : A.-Ferdinand Herold
Musique : Charles-Henry Hirsch ; *Art* : André Fontainas
Lettres allemandes : Henri Albert ; *Lettres anglaises* : H.-D. Davray
Lettres italiennes : Remy de Gourmont
Lettres Portugaises : Philéas Lebesgue ; *Échos Divers* : Mercure

PRINCIPAUX COLLABORATEURS
Paul Adam, Edmond Barthélemy, Tristan Bernard, Léon Bloy, Victor Charbonnel,
Jean Court, Louis Denise, Edouard Dujardin, Georges Eekhoud, Alfred Ernst,
Gabriel Fabre, André Fontainas, Paul Fort, Paul Gauguin, Henry Gauthier-Villars,
André Gide, José-Maria de Heredia, Gustave Kahn, Bernard Lazare, André Lebey
Camille Lemonnier, Pierre Louys, Maurice Maeterlinck, Stéphane Mallarmé,
Paul Margueritte, Camille Mauclair, Charles Merki, Stuart Merrill, Raoul Minhar,
Adrien Mithouard, Albert Mockel, Charles Morice, Yvanhoé Rambosson,
Ernest Raynaud, Hugues Rebell, Adrien Remacle, Jules Renard, Adolphe Retté,
Georges Rodenbach, Saint-Pol-Roux, Camille de Sainte-Croix, Albert Samain,
Marcel Schwob, Laurent Tailhade, Pierre Veber, Emile Verhaeren,
Francis Vielé-Griffin, Teodor de Wyzewa, etc.

Prix du Numéro :
FRANCE : **1 fr. 50** — UNION : **1 fr. 75**

ABONNEMENTS

FRANCE		UNION POSTALE	
Un an	15 fr.	Un an	18 fr.
Six mois	8 »	Six mois	10 »
Trois mois	5 »	Trois mois	6 »

On s'abonne *sans frais* dans tous les bureaux de poste en France (Algérie et
Corse comprises), et dans les pays suivants : Belgique, Danemark, Italie, Norvège,
Pays-Bas, Portugal, Suède, Suisse.
ABONNEMENT ANNUEL POUR LA RUSSIE : 7 roubles par lettre chargée.

Imp. C. RENAUDIE, 56, rue de Seine, Paris

www.ingramcontent.com/pod-product-compliance
Lightning Source LLC
Chambersburg PA
CBHW060649170426
43199CB00012B/1723